电子商务实战基础——新媒体营销实战

总主编：李桂鑫　张秋潮
主　编：林　颖
副主编：朱良辉
编　委：陈志钦　袁东升　林　宇

北京理工大学出版社
BEIJING INSTITUTE OF TECHNOLOGY PRESS

版权专有　侵权必究

图书在版编目（CIP）数据

电子商务实战基础：新媒体营销实战/林颖主编．—北京：北京理工大学出版社，2019.2（2023.2重印）

ISBN 978-7-5682-6226-2

Ⅰ．①电…　Ⅱ．①林…　Ⅲ．①电子商务－教材　Ⅳ．①F713.36

中国版本图书馆 CIP 数据核字（2018）第 195043 号

出版发行 / 北京理工大学出版社有限责任公司
社　　址 / 北京市海淀区中关村南大街 5 号
邮　　编 / 100081
电　　话 /（010）68914775（总编室）
　　　　　（010）82562903（教材售后服务热线）
　　　　　（010）68944723（其他图书服务热线）
网　　址 / http://www.bitpress.com.cn
经　　销 / 全国各地新华书店
印　　刷 / 北京虎彩文化传播有限公司
开　　本 / 787 毫米 × 1092 毫米　1/16
印　　张 / 7.25　　　　　　　　　　　　　　　　责任编辑 / 申玉琴
字　　数 / 135 千字　　　　　　　　　　　　　　文案编辑 / 申玉琴
版　　次 / 2019 年 2 月第 1 版　2023 年 2 月第 5 次印刷　　责任校对 / 周瑞红
定　　价 / 24.00 元　　　　　　　　　　　　　　责任印制 / 施胜娟

图书出现印装质量问题，请拨打售后服务热线，本社负责调换

前　　言

在全球化时代到来的今天，信息传播已不再局限于报纸、杂志、广播、电视等传统方式，其与互联网技术充分融合，创造出新时代的信息发布与传播新平台——新媒体。新媒体时代是相对于传统媒体而言的，是继报刊、广播、电视等传统媒体之后发展起来的新的媒体形态，是利用数字技术、网络技术、移动技术，通过互联网、无线通信网、卫星等渠道以及电脑、手机、数字电视机等终端，向用户提供信息和娱乐服务的传播形态和媒体形态。电子商务是以信息网络技术为手段，以商品交换为中心的商务活动。那么新媒体到底和电子商务有什么联系？企业到底应该怎样做才能更好地利用新媒体来帮助企业更快发展？

在电子信息技术高速发展的今天，传播媒介已经实现从纸媒到新媒体行业的改变，传统商业也向电商模式转型，新媒体是一种传播途径，而电子商务则是一种商业运营模式。两者相当于上游和下游的关系，紧密相连，相辅相成。电子商务作为新型企业营销管理模式，已经被越来越多的企业重视并在企业内部产生巨大的变革，从企业内部的信息化管理到宣传企业自身形象，再到现在做新媒体网络营销，时刻跟上网络热点。通过多渠道、多方式对自身和产品进行网络宣传，在很大程度上降低了企业宣传成本并极大地提升了自身知名度。在手机移动互联已经飞速发展的时代，研究新媒体变革的影响对电子商务发展也有着重要意义。

由林颖主编的这本书，以电子商务迅猛发展作为背景，结合移动互联、数字营销、社会化网络等热点，沿着传播、运营和管理的逻辑对新媒体进行梳理和把握。从新媒体营销概述、电子商务营销、搜索引擎营销、视频营销、网络游戏营销、QQ营销、微信营销、微博营销、网络直播营销——淘宝直播这九个方面对电子商务与新媒体的发展进行系统的概述，并结合实际应用和案例点评，具有系统性、实战型、通俗性、针对性等特点，有利于学生完善知识结构，培养学生适应新媒体时代的电子商务发展，帮助学生胜任电子商务运营和管理工作。

本书为揭阳市扬帆计划"十万电商人才培育工程"项目中电子商务人才培训系列丛书之一。为进一步推进揭阳市十万电商人才培训，揭阳市委组织部牵头申报的"十万电商人才培育工程"项目获省"扬帆计划"2016年专项扶持资金支持。通过竞争性谈判，揭阳职业技术学院中标揭阳市委组织部扬帆计划"十万电商人才培育工程"项目，负责项目具体实施。"十万电商人才培育工程"项目的实施，将进一步完善揭阳市电商人才培训体系，推动全市电商培训机构抱团发展，打造具有全国影响力的电商人才培训基地，为揭阳乃至整个粤东地区电子商务产业发展提供强有力的电商人才支撑。

  本电子商务人才培训系列丛书在编写的过程中得到中共揭阳市委组织部、揭阳职业技术学院等单位各领导与同事的大力支持，在此表示衷心感谢。由于作者水平有限，本书若有不足之处，恳请广大读者提出宝贵的建议和意见。

编 者

目 录

第一章 新媒体营销概述 (1)
  第一节 新媒体营销概述 (2)
    (一) 新媒体的概念 (2)
    (二) 新媒体的特征 (2)
    (三) 新媒体营销的特征 (3)
  第二节 新媒体发展趋势 (5)
  第三节 新媒体营销策划方法 (6)
    (一) 营销参与者的确认以及目标确定 (6)
    (二) 新媒体营销方法 (7)

第二章 电子商务营销 (9)
  第一节 电子商务营销概述 (9)
    (一) 电子商务的分类 (10)
    (二) 网络购物市场发展现状 (10)
    (三) 淘宝网的发展历程 (11)
    (四) 电子商务营销 (12)
  第二节 电子商务营销现状——以淘宝网为例 (13)
    (一) 淘宝网的现状 (14)
    (二) 移动电商发展趋势 (14)
    (三) 电子商务营销存在的问题 (15)
  第三节 电子商务网络营销策略 (16)
    (一) 信用策略 (16)
    (二) 用户策略 (17)
    (三) 沟通策略 (17)

第三章 搜索引擎营销 (19)
  第一节 搜索引擎营销概述 (20)
    (一) 搜索引擎基本原理 (21)

（二）搜索引擎营销原理 ………………………………………………（21）
　第二节　搜索引擎营销模式 …………………………………………………（21）
　第三节　搜索引擎营销前景 …………………………………………………（24）
　　（一）搜索引擎营销认可度越来越高 …………………………………（24）
　　（二）搜索引擎营销在企业营销战略中的地位越来越高 ……………（24）
　　（三）搜索引擎营销向产业化发展 ……………………………………（24）
　　（四）搜索引擎营销的重心向移动营销倾斜 …………………………（24）

第四章　视频营销 …………………………………………………………（25）
　第一节　视频营销概述 ………………………………………………………（25）
　　（一）视频营销的概念 …………………………………………………（26）
　　（二）中国网络视频营销市场分析 ……………………………………（27）
　　（三）申请视频账号——以 bilibili 为例 ……………………………（28）
　第二节　视频营销的类型 ……………………………………………………（29）
　　（一）网络视频广告 ……………………………………………………（29）
　　（二）网络自制剧营销 …………………………………………………（30）
　　（三）微电影营销 ………………………………………………………（31）
　第三节　视频营销的策略 ……………………………………………………（31）
　　（一）网络视频营销整合传播策略 ……………………………………（31）
　　（二）网络视频营销创意营销策略 ……………………………………（32）

第五章　网络游戏营销 ……………………………………………………（34）
　第一节　网络游戏营销概述 …………………………………………………（34）
　　（一）网络游戏的定义 …………………………………………………（35）
　　（二）中国网络游戏发展现状 …………………………………………（35）
　　（三）网络游戏营销概述 ………………………………………………（38）
　第二节　网络游戏营销的类型 ………………………………………………（41）
　　（一）内置式网络游戏广告 ……………………………………………（41）
　　（二）定制式网络游戏广告 ……………………………………………（42）
　　（三）线上线下融合网络游戏广告 ……………………………………（43）
　　（四）电竞赛事赞助 ……………………………………………………（43）
　　（五）合作和关联宣传 …………………………………………………（44）
　第三节　网络游戏营销的策略 ………………………………………………（45）
　　（一）植入策略 …………………………………………………………（45）
　　（二）多元化策略 ………………………………………………………（46）
　　（三）创新化策略 ………………………………………………………（46）
　　（四）共赢化策略 ………………………………………………………（46）
　　（五）精准化策略 ………………………………………………………（47）

第六章　QQ 营销 …………………………………………………………（48）
　第一节　QQ 营销概述 ………………………………………………………（49）

（一）QQ营销的概念和发展现状 ……………………………………（49）
　　（二）QQ营销的特点和形式 …………………………………………（50）
　　（三）QQ营销的优点 …………………………………………………（52）
　　（四）QQ营销的缺点 …………………………………………………（52）
　　（五）申请QQ的方法 …………………………………………………（53）
　第二节　QQ营销的策略 …………………………………………………（55）
　　（一）群主引导策略 ……………………………………………………（56）
　　（二）专业知识引导策略 ………………………………………………（56）
　　（三）一对一营销策略 …………………………………………………（56）
　　（四）病毒式营销策略 …………………………………………………（56）
　　（五）掌握发布时间 ……………………………………………………（56）
　　（六）整合策略 …………………………………………………………（57）
　第三节　QQ营销发展趋势 ………………………………………………（57）
　　（一）QQ的发展方向 …………………………………………………（58）
　　（二）QQ营销发展方向 ………………………………………………（58）

第七章　微信营销 …………………………………………………………（60）
　第一节　微信营销概述 ……………………………………………………（61）
　　（一）微信营销的概念 …………………………………………………（61）
　　（二）微信营销的特点 …………………………………………………（61）
　　（三）微信营销的发展 …………………………………………………（62）
　　（四）微信注册 …………………………………………………………（62）
　第二节　微信营销的方式 …………………………………………………（64）
　　（一）通过LBS定位功能进行营销 ……………………………………（64）
　　（二）通过扫描二维码功能进行营销 …………………………………（65）
　　（三）通过朋友圈进行营销 ……………………………………………（66）
　　（四）微信公众平台营销 ………………………………………………（66）
　　（五）"漂流瓶"式营销 …………………………………………………（68）
　第三节　微信营销的策略和趋势 …………………………………………（68）
　　（一）微信营销的策略 …………………………………………………（69）
　　（二）微信营销的发展趋势 ……………………………………………（71）

第八章　微博营销 …………………………………………………………（73）
　第一节　微博营销概述 ……………………………………………………（74）
　　（一）微博的发展历程和现状 …………………………………………（74）
　　（二）微博营销的概念 …………………………………………………（74）
　　（三）微博营销的特点 …………………………………………………（75）
　　（四）微博营销的理论基础 ……………………………………………（75）
　　（五）微博账号申请 ……………………………………………………（77）
　第二节　微博营销的策略和误区 …………………………………………（78）
　　（一）微博营销策略 ……………………………………………………（78）

（二）微博营销的误区 ……………………………………………………（87）
　第三节　微博营销在电子商务中的应用 …………………………………（88）
　　（一）微博营销的优势 ……………………………………………………（88）
　　（二）微博营销的展望 ……………………………………………………（89）

第九章　网络直播营销——淘宝直播 ……………………………………（91）
　第一节　网络直播概念的兴起 ……………………………………………（91）
　　（一）网络直播平台的概念 ………………………………………………（92）
　　（二）网络直播电商的兴起 ………………………………………………（92）
　　（三）淘宝直播的概念和申请 ……………………………………………（92）
　第二节　电商直播营销的特点和问题 ……………………………………（97）
　　（一）电商网络直播营销的特点 …………………………………………（97）
　　（二）电商网络直播营销存在的问题 ……………………………………（99）
　第三节　网络直播营销策略 ………………………………………………（101）
　　（一）坚持内容为王 ………………………………………………………（101）
　　（二）定位准确，选择合适主播 …………………………………………（101）
　　（三）构建传播品牌社群 …………………………………………………（102）
　　（四）坚持整合营销 ………………………………………………………（102）

参考文献 …………………………………………………………………（104）

第一章

新媒体营销概述

知识目标

1. 新媒体营销内容体系。
2. 新媒体营销发展趋势。
3. 新媒体营销策划方法。

能力目标

1. 把握新媒体的发展态势。
2. 增强运用新媒体进行网络营销活动的能力。

案例导入

故宫给我们的印象是庄严、权威的,但是近几年故宫玩起了新媒体,将传统文化与互联网文化相结合,将故宫的形象变得生动有趣。

早在2010年10月1日的时候,故宫为了售卖周边产品,就上线了名为"故宫淘宝"的淘宝店,并在2013年9月的时候玩起了新媒体,上线了"故宫淘宝"的微信公众号。但是,产品主要为经典的文化产品,创意性和实用性还有所欠缺。之后,依托2013年年末"紫禁城杯"故宫文化产品创意设计大赛成果,故宫博物院逐步推出了与时代特点兼具、功能性和趣味性兼备的文创产品。故宫淘宝微博认证号在页面设计、文辞用语等方面迎合现代年轻人的审美,从中规中矩的产品介绍号转变为"萌萌哒"的网红号,引发大量网友的关注,在网络上掀起了一股关于历史人物的搞笑PS(Adobe Photoshop)风潮,网民在欣然一笑的同时也深深地被这些文创产品征服了,从创意手机壳、创意摆件到实用性的雨伞等文化产品都得到了网友的追捧,获得了巨大的成功。故宫博物院利用新媒体开辟了一条文创产品的创意营销之路,一条适合故宫的网络营销路子由此打开。

第一节 新媒体营销概述

新媒体的迅猛发展让许多企业嗅到了新的商机，纷纷将营销预算进行分配，转战新媒体。如"故宫淘宝"借助新媒体并且在找到一条适合自己的营销路子之后使得传统文化进入一个"狂热"时代。可以说，发展好新媒体营销对企业的发展有事半功倍的作用。

（一）新媒体的概念

"新媒体"（New Media）一词最早用于 CBS（美国哥伦比亚广播电视网）技术研究所所长 P. Goldmark 1967 年的一份商品开发计划。之后在 1969 年，美国传播政策总统特别委员会主席 E. Rostow 在向尼克松总统提交的报告书中，也多处使用了"New Media"一词。由此，"新媒体"一词开始在美国流行并迅速扩展至全世界。但是，关于新媒体的定义有许多，至今还没有一个统一的定义，其中比较权威的是联合国教科文组织的定义：以数字技术为基础，以网络为载体进行信息传播的媒介。美国《连线》杂志对新媒体的定义是："所有人对所有人的传播。"

从以上定义来看，新媒体相对于传统媒体有以下两个特点：一是新媒体是基于互联网的媒介；二是传播者由传统媒体的组织变成了所有人。新媒体是从传统的四大媒体——电视、广播、报纸、杂志发展而来的，是利用数字技术、网络技术、移动技术，通过互联网、无线通信网、有线网络等渠道以及电脑、手机、数字电视机等终端，向用户提供信息和娱乐的传播形态与媒体形态。

（二）新媒体的特征

简单来说，当在传统媒体前加上"数字"时，它们就成为"新媒体"，如数字电视、数字广播、数字报纸、数字杂志等。随着新媒体的发展，特别是近年来手机网络的兴起，人们花在网络和手机上的时间越来越多，因此，新媒体的传播有着与传统媒体传播不同的新特征。

1. 数字化

新媒体最大的特点就是依托信息技术，即数字化的传播方式，信息技术的发展使得互联网的存储空间不断扩大。Nicholas Negroponte 在《数字化生存》一书中提出："现代信息技术的突飞猛进必然改变人类的工作、学习、娱乐方式，即人类的生存方式。"新媒体通过编码将传统的文字数字化，大量的文字、图片、影像等被编辑成一个个超链接，这些超链接构成整体网络环境进行传播。基于数字化的传播手段，人们可以随时随地获取所需信息。同时基于信息技术的发展，互联网的存储空间不断扩大，使新媒体蕴含大量信息。当前这个信息技术发展的时代，数字化技术更新频繁，随着新的数字化技术的发展，新媒体传播媒介数字化的特点将成为未来新媒体发展的重要助推器。

2. 交互性

一提到新媒体，人们立刻想到的就是其交互性。传统媒体是单向传播，而新媒体则打破原有的传播方式成为双向传播，受众不再仅仅是受众，同时也是信息的传播者。以微信的传播模式为例，使用者在朋友圈里扮演着受众的角色，接收来自不同朋友的信息分享，而同时也在朋友圈里将自己的想法和信息分享给朋友，在这种双向交流的过程中，传播者和受众的角色变得模糊。

这种交互性是基于数字化的特性发展起来的，使用者能根据自己的个性化需求进行信息筛选，获得所需信息，然后再对信息加工进行再传播。

3. 即时性

基于数字化，新媒体具有更强的即时性。这是传统媒体所无法比拟的，新媒体的信息接收和传播都是在非常短的时间内完成的，甚至是实时的，这大幅提高了媒介的传播效率。而且新媒体突破了原有信息传递的地域限制。新媒体依靠互联网传播，只要互相有接收设备，信息可以在全球范围内传播。

4. 个性化

以互联网为基础，新媒体实现了个性化的需求。新媒体可以根据不同用户的不同使用习惯、偏好和特点向用户提供满足其各种个性化需求的服务。同时，基于新媒体交互性的特点，受众也能成为传播者。受众可以选择自己喜欢的信息，搜索信息，并且可以定制信息。所以，新媒体时代是一个"受众个性化"时代，用户由传统媒体中"被动接收信息"的受众转变为主动寻找和制作信息的用户，这是一个基于用户个人建立起来的双向交流的系统。

（三）新媒体营销的特征

新媒体营销是利用新媒体平台进行营销的模式。由于互联网带来的巨大变革，营销也发生了许多变化。巨大革新的年代，营销理论的发展从 4P、4C、4R、4S 等到现在也发生了巨大的改变，其中一个最重要的特点是用户的地位在不断提高。

随着 Web 2.0 技术的发展，人们的生活发生了翻天覆地的变化，原有的受众和传播者的界限越来越模糊。这种变化使得企业的营销思维也发展了变化，企业必须更加重视用户的体验，与用户多沟通。新媒体营销就是在这种环境下产生的，简单来说新媒体营销就是在新媒体的渠道开展的营销活动。它具有以下特点。

1. 成本低廉

新媒体营销相对传统传播成本减少了许多。从经济成本来说,新媒体营销可以通过网络平台进行传播,借助多媒体技术手段,以文字、图片、视频等方式对产品和服务进行宣传,以生动的形象直接到达用户终端。而这些营销方式,以微博为例,企业只要借助微博这个平台免费注册微博账号,即可向广大用户进行宣传,极大地减低资金投入。从技术成本来说,新媒体营销的技术成本比较低,虽然新媒体的背后技术性非常高,但是对产品使用者来说,运用这些新媒体非常简单,如微博,人们可以直接使用注册、认证、信息发布和回复信息等功能。从时间成本来说,运用新媒体发布信息简化了传播的程序,可随时发布信息,不像传统的电视、报纸那样需要经过层层审批。同时,营销信息一旦在网络平台发布,可以得到许多人的关注,而人们如果觉得信息有用又会转发,信息传播可以达到"一传十、十传百"的效果,因此这种传播方式的成本比传统媒体降低很多。

2. 更加注重创意

许多传统的企业通过借助新媒体进行营销,使原本对于用户来说高高在上的企业变得可爱、接地气,更加接近用户。以故宫博物院为例,故宫博物院从 2013 年开始开设微博,最开始都是一些故宫的相关知识,产品也很平常,但是从 2015 年开始故宫博物院火爆起来。故宫的文创产品并不新奇,很多都是我们常见的手机壳、针线盒、折扇、盆栽等,但是在产品包装的创意上,加上了故宫元素,而非一个 Logo 标识,重要的是皇帝、宫女、大臣等形象,将历史人物卡通化,并且加以调侃,这样有趣的文案、原创画与产品结合之后,就有了乐趣,会让用户感觉这是一个好玩的产品。因此,新媒体营销更加注重创意,将更多创意注入营销中,对于企业战略转型和整合营销传播的完善和发展都具有关键意义。而创意经济自身蕴含着巨大的能量,创意元素成为当今企业和产品竞争中最为重要的一环。

3. 精准定位

由于信息技术的不断发展,为新媒体营销的精准定位提供了技术支持。基于大数据分析,不管是门户网站的广告,搜索引擎的关键词广告还是微博平台的推送、电子商务平台的推送,都能帮助企业更加精准地定位用户,满足用户的个性化需求。如在手机淘宝上,其首页的最后都有"猜你喜欢"栏目,它将针对每位用户的消费习惯推送一些用户感兴趣的商品,有人戏称:逛淘宝,直接逛"猜你喜欢"就好,这里一定能满足你的需求。由此可见,新媒体营销利用大数据分析,帮助企业分析用户的消费习惯,为企业更好地精准定位。

4. 容易形成病毒式传播

新媒体利用信息技术,使每一个人都成了受众和传播者。新媒体的便捷性使人们能利用碎片化的时间进行信息的获取和传播,网民通过讨论分享可以推动信息的发展,非常容易使大众关注的事件形成病毒式传播。例如,2014 年由美国波士顿学院(BOSTON COLLEGE)前棒球选手发起的 ALS 冰桶挑战(Ice Bucket Challenge)风靡全球,其目的是唤起民众关注渐冻人症(肌萎缩侧索硬化),积极捐助,促进渐冻人救治。该挑战要求参与者在网络上发布自己被冰水浇遍全身的视频内容,然后该参与者便可以要求其他人来参与这一活动。活动规定,被邀请者要么在 24 小时内接受挑战,要么选择为对抗"肌肉萎缩性侧索硬化症"捐出 100 美元。该活动在短短的几个月时间内从美国传到中国，引起了巨大的关注，仅在美国就有 170 万人参与挑战，250 万人捐款，总金额达 1.15 亿美元。这个活动能够在短短时间内传遍不同国家就是在于利用新媒体传播，成功地完成了病毒式营销，也让渐冻人这个群体得到社会广泛的关注，具有积极正面的意义。

第二节　新媒体发展趋势

新媒体依托信息技术的快速发展，不断刷新传统媒体的纪录。新媒体所创造的虚拟市场、时空和社会概念，以及在信息化、网络环境中开展的多种营销模式，无不改变人们以往的思维方式和营销方式。新媒体也给了许多个体和企业一个更好、更自由的平台进行展示，所以有更多人的目光投向了新媒体，希望在新媒体营销这个市场上分得一杯羹。但是新媒体与传统媒体有着非常大的区别，新媒体营销也有别于传统营销，为了更好地把握新媒体营销，需要了解新媒体的发展趋势。

1. 移动端地位明显

中国互联网络信息中心（CNNIC）发布了第 37 次《中国互联网络发展状况统计报告》。报告称，截至 2015 年 12 月，中国网民每天上网时间接近 4 个小时，并且网民上网设备逐步转为手机端，超过 9 成的网民都是用手机上网，而且上网的时间越来越碎片化。从图 1-1 的情况来看，中国网民的数量每年都在不断增加，特别是手机网民的数量上升更为明显。可见，手机不断挤占其他上网设备，成为最重要的上网方式，并且随着移动端的地位越来越明显，移动互联网经济也越来越火爆，所以新媒体营销应该把握移动端这一发展趋势。

2. 社交互动更频繁

新媒体自诞生之日起，就带有天然的社交属性，其内容可接性更强，操作更加方便，使人人都能成为传播者，人们非常容易在新媒体上进行互动。以微博为例，一旦发布一条新的信息，人们就可以通过评论和转发对于该条信息的观点，同时跟自己的好友进行分享。只要微博内容符合大众审美，符合当下热点，就非常容易形成病毒式传播，这种几何式增长的信息传播速度，激励着用户生产高质量内容，制造爆点，提高影响力，也借此来提高个人以及企业的形象。因此，社交互动性的增强是提高影响力和企业形象的良好契机。

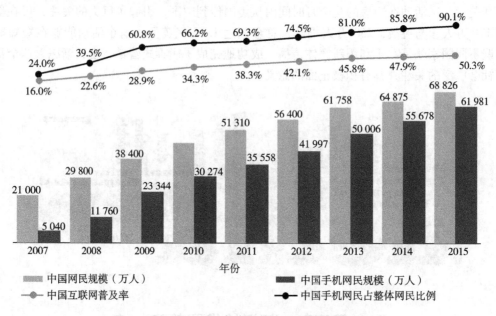

图1-1 2007—2015年中国整体网民及移动网民规模
资料来源：艾瑞网《中国网络新媒体用户研究报告（简版）》

3. 用户主导性越强

近年来，涌现出越来越多的网络红人，他们在社交媒体上拥有大量的粉丝，这些粉丝让他们具有很强的影响力，并给他们带来了很多价值。例如Papi酱，其成为2016年网络的一个大事件。徐小平真格基金、罗振宇"罗辑思维"、光源资本和星图资本联合投资了Papi酱1 200万元，Papi酱估值3个亿，Papi酱也成为中国第一网红。Papi酱就是一个在微博上拥有2 000多万粉丝的网络红人，她在微博上自编自导自演的视频总是能在短短的时间内得到10万多人的关注。她的视频内容贴近当前社会的讨论热点，言辞犀利，经常让网友感同身受。虽然"罗辑思维"在不到1年的时间里就从Papi酱撤资，但是还是可以看到网络红人的影响力极高。这些成功现象的背后是用户主导内容生产模式的成功。新媒体用户能通过自己的努力生产出符合社会大众口味的内容来获得关注度，由此可见新媒体中用户主导性更强，内容生产模式成为一种主流。

4. 创意性更强

好的创意在新媒体时代越发重要。新媒体的可获得性很强，因此，如要在众多的用户中获得关注，创意成为至关重要的一步。在新媒体时代，除了产品内容之外，需要创意为其武装来发挥强大的力量。有了创意，再加上用户的热情参与，新媒体能发挥极其强大的能量，创意原始成为当前企业和产品竞争中重要的一环。因此，新媒体的创意性会更强。

第三节　新媒体营销策划方法

（一）营销参与者的确认以及目标确定

用户是营销最关注的群体，也是企业的营销参与者。因此企业需要进行合理规划，将用户的积极性和参与性很好地发挥出来,让用户主动参与营销活动,帮助企业进行有效的品牌传播。

1. 确定营销参与者

用户主动参与营销活动能使得企业的营销效果得到大幅提升。用户作为企业的核心对象,以用户为中心了解其需求,让用户广泛参与才能使得企业生产的产品得到拥戴和支持。小米的成功就有赖于用户的充分参与。小米通过让用户参与产品研发、营销、推广以及服务的方式赢得了许多忠诚用户。在新媒体时代,社交网络的发展,使大众成了传播者,因此让用户参与营销活动能够有效提高用户的积极性,让其主动利用人际关系传播。这种传播相比传统的传播方式会更加有效,也能够有效地对潜在用户进行营销。在新媒体时代,企业需要更多考虑用户之间的人际关系、社交联结以及网络口碑,合理地让用户参与能帮助企业进行有效的营销活动。

2. 界定营销参与者

在新媒体环境下,企业需要用互联网思维来思考用户的行为,需要充分理解用户,从用户的角度思考和研发新产品,只有用户认可才是好的商品。而不同企业的不同产品都有不同的消费群体,因此,企业需要对所生产的产品界定用户,这样才能确定该消费群体的消费习惯、爱好等,做有针对性的营销活动。

企业需要通过多种途径深入用户、了解用户,建立起用户档案。了解用户的一般信息包括用户的交易行为、用户的生活形态、参与者特有语言,以及对以前营销活动的参与度。企业可以通过大数据充分了解用户的个人资料,追踪该用户现有的网络活动,找到有价值的信息,分辨出高终身价值的用户,进而发展为忠诚用户。

3. 确定营销目标

确定营销参与者后,企业需要深入市场,结合实际需要确定营销目标。只有确定了营销目标才能帮助企业更好地开展营销活动。目标可以包括获得新用户、提高销售量、提高用户满意度、培养忠诚用户、提升用户服务等。

(二) 新媒体营销方法

新媒体营销应该是全方位的、立体的、多角度的。新媒体的交互性和即时性使得信息传递极速发展,传播力极强。其信息的关注度是以往传统媒体所无法比拟的。因此,新媒体的营销方法有其特殊性。

1. 粉丝拥护

新媒体的发展带动社群的发展,而社群的发展带来的就是粉丝群体。粉丝群体足够强大的企业和个人足以引爆社会的热点。众所周知,小米公司就是依靠粉丝发展起来的,小米有自己的粉丝和粉丝节,每一个粉丝都是小米产品的拥戴者,并且无条件为小米宣传。小米粉丝给这些产品带来了巨大效益,这是单独这些产品所无法享受的。在信息传递极速的时代,粉丝对一个企业或个人来说都有着重要的意义,因此在新媒体的营销方法中必须重视粉丝的作用。

2. 内容为王

新媒体营销不是简单地发布一下微信和微博,而是需要文案、创意、策划、美编、设计非常详细的内容，结合创意以适合互联网传播模式去支撑。例如，2016年的《疯狂动物城》，自电影上映以来影片的排片和票房迅速上升，并且从美国到中国热度一点都不减，其中的动物形象获得观众的一致喜欢，基本是一部零差评的电影。除却电影的优良制作和故事情节，这部动画片能够获得如此大的热度得益于全方位的新媒体营销内容。从首映日开始著名企业Uber就在公众号推送了一篇"别逗了！长颈鹿也能开Uber？还送电影票？！"的文章开始发力，吸引了许多观众的眼球。接下来在微信公众号、微博的推荐下，原本对动画片不感兴趣的人，在朋友圈的带动下也都纷纷加入看电影的队伍。接下来，迪士尼顺势推出《疯狂动物城》性格大测试的H5，测试结果在朋友圈刷屏，加大了观众的参与感，同时里面一个非常鲜明的树懒说的话和动图也在微博走红。由此可以看到，一个成功的新媒体营销需要一套完整的内容来传播。

3. 互动参与

新媒体营销必须非常重视一点，就是用户的参与感，提供一个用户可参与的点，再结合粉丝效应，就能实现企业的宣传。例如，阴阳师手游这款游戏带有明显的日本漫画风格，游戏整体完成度比较高，在开始营销时，团队就抓住了二次元群体。在游戏刚开始推广的时候，就参加了国内最大的动漫游戏展Chinajoy，在展厅精心布置京都古屋风格，引导员和服的着装也吸引着参展者的目光。由于参观动漫展的人员也都是二次元群体，因此先给参与者留下深刻印象，后期等游戏上线，就选择网红在二次元爱好者聚集的直播平台进行游戏直播，让观众近距离接触，提高观众的参与度。动漫展、游戏直播都是二次元人群喜欢的方式，因此阴阳师手游很快就在这个群体中迅速流传开来，在粉丝们的推动下这款手游逐渐向大众辐射。

4. 整合营销

在前面三个方法的带动下，新媒体营销需要进行整合营销，创意、平台、技术缺一不可。我们可以看到许多企业在进行新媒体营销时，不单单是简单的文字营销。现在还需要图片、一些小游戏等，同时不仅做PC端还要做移动端，只有全面整体的传播才能达到应有的营销效果。

第二章

电子商务营销

知识目标

1. 电子商务营销内容体系。
2. 电子商务营销策划方法。

能力目标

1. 把握电子商务营销的发展态势。
2. 增强运用新媒体进行电子商务营销活动的能力。

案例导入

商家经常碰到这样一些问题,经过千辛万苦,终于把用户引进无线店铺,可是,用户一下子就跳出了。手机屏幕就那么大,产品怎样排列让用户的印象更加深刻?老用户需要怎样营销互动,来让他们既加深认知,又愿意传播,甚至下单?

淘宝女装品牌裂帛曾经在手机端举行主题活动——谁是你的裂帛女神,可以从中借鉴。该活动中由用户来进行票选,用户投出手中的一票,选出最美裂帛女神,有机会赢50元无门槛券。参与投票的用户,系统将随机抽出30名自动发放50元无门槛券,参与评论中奖概率更高。"票选女神"的活动形式,看似选女神,实则宣传新品。不仅大大曝光了当季新品,还提高了用户互动,刺激了消费转化。

该活动的亮点是:第一,在短短两周内,共有5 811名用户参与投票互动,2 218名用户参与评论。第二,用户投票时,点击即可进入该"女神"对应的产品页面,从而进一步宣传了裂帛当季新品。第三,提高访问深度。用户进入店铺不再是简单地浏览商品或投票互动,而是两者结合,进而增强店铺访问深度。第四,刺激转化。强调参与评论获奖概率更高,并以50元无门槛券作为奖品,一则加深互动,二则鼓励消费,提高转化率。

第一节 电子商务营销概述

电子商务没有一个统一的定义,从大多数的定义来看,比较共性的就是认为电子商务是通过计算机在互联网的环境下,使个体用户实现网上购物、商户之间可以通过网络实现交易,并且他们的交易可以通过在线电子支付来完成的一种商业运营模式。

(一) 电子商务的分类

以"电子商务的参与者"为标准,电子商务主要可分为企业—企业、企业—用户、用户—用户三种主要类型。

企业—企业的电子商务(Business to Business,B2B),指的是企业与企业之间进行的电子商务活动。具体来讲,就是采购商和供应商通过网络进行谈判、订货、签约、接受发票和付款,以及索赔和处理、商品发送管理和运输跟踪。《2016 年度中国电子商务市场数据监测报告》显示,2016 年中国电子商务交易额为 22.97 万亿元,同比增长 25.5%。其中,B2B 市场交易额为 16.7 万亿元,同比增长 20.14%。2016 年中国 B2B 电子商务平台市场份额排名情况(按企业营收排名)分别为:阿里巴巴占比 43%、慧聪网占比 7.5%、环球资源占比 4.1%、焦点科技占比 2.6%、上海钢联占比 1.4%、生意宝占比 1.2%、环球市场占比 1%、其他占比 39.2%。

企业—用户的电子商务(Business to Customer,B2C),是指企业与用户之间进行的电子商务活动。B2C 是企业以互联网为主要手段,为大众用户提供商品和服务,并且用户通过电子化手段进行付款的电子商务运营模式。随着全球上网人数的不断增多,网络的使用者已经成为企业进行电子商务的主要服务对象。根据 2016 年中国 B2C 网络销售市场占有率来看,2016 年中国 B2C 网络零售平台(包括开放平台式与自营销售式,不含品牌电商)市场份额排名情况分别为:天猫占比 57.7%;京东凭 25.4% 紧随其后;唯品会的市场份额从 2015 年的 3.2% 上升至 3.7%;排名第 4~10 位的电商分别为苏宁易购(3.3%)、国美在线(1.8%)、当当(1.4%)、亚马逊中国(1.3%)、1 号店(1.2%)、聚美优品(0.7%)、拼多多(0.2%);其他(3.3%)。

用户—用户的电子商务(Customer to Customer,C2C),指的是用户与用户之间进行的电子商务。C2C 电子商务模式是指用户之间进行的各种商品和服务在网络上的交易。C2C 经营网站为用户提供一个在线交易平台,使各地的买卖双方可以自由地在网上进行交易,并且通过 C2C 经营网站提供的付款工具完成交易的电子商务运营模式。国内著名的 C2C 电子商务网站有淘宝、易趣(eBay)、拍拍等。

由此可见,从 B2C 和 C2C 的市场份额来看,淘宝平台在我国是影响力最广的一个电子商务平台,因此关于电子商务平台营销的研究主要着眼于淘宝平台来进行阐述。

(二) 网络购物市场发展现状

网络零售市场交易额为 5.3 万亿元,同比增长 39.1%,生活服务电商交易额为 9 700 亿元。截至 2016 年 12 月,中国电子商务服务企业直接从业人员超过 305 万人,由电子商务间接带动就业人数已超过 2 240 万人。2016 年中国规模以上快递企业营收为 4 005 亿元,与 2015 年的 2 769.6 亿元相比,同比增长了 44.6%,受电商网购包裹持续刺激,近年来全国规模以上快递企业营收持续增长。

从用户消费习惯来看,根据中国互联网络信息中心(CNNIC)发布第 40 次《中国互联网络发展状况统计报告》显示,2017 年上半年,商务交易类应用持续高速增长,网络购物、网上外卖和在线旅行预订用户规模分别增长 10.2%、41.6% 和 11.5%。网络购物市场消费升级特征进一步显现，用户偏好逐步向品质、智能、新品类消费转移。同时，线上线下融合，向数据、技术、场景等领域深入扩展，各平台积累的庞大用户数据资源进一步得到重视。图 2-1 为 2016.12—2017.06 网络购物/手机网络购物用户规模及使用率。

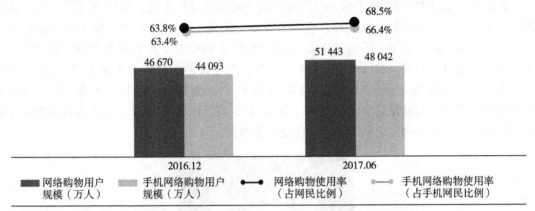

图 2-1　2016.12—2017.06 网络购物/手机网络购物用户规模及使用率

从网购用户属性来看，根据艾瑞网《2016 年中国网购用户行为及偏好研究报告简版》来看，相较而言，男性更爱在家里、休闲娱乐场所这样放松的地方进行网购，而女性则网购频率更高，更爱购买服装鞋帽、化妆、个护等时尚装扮类商品，男性更爱购买 3C 产品和彩票、游戏道具等休闲娱乐类产品。并且随着年龄增长，月均网购金额千元以上及百元以下的用户有所减少，单笔订单金额千元以上明显减少，百元以下稍有增加，移动端差异更明显。无论是 PC 端还是移动端，31~40 岁网购频率相对较高，特别是 26~45 岁的用户更爱使用移动端购物，并且更愿意在家里网购，更爱通过搜索关键词、社交媒体链接进入网购平台。通常网购的商品为化妆个护、母婴用品、珠宝配饰、蛋糕玩具和游戏道具、虚拟币充值。而 40 岁以上的用户常用 PC 端在家里网购，经常使用浏览器导航、收藏夹、输入网址进入网购平台，更爱网购服装鞋帽、小家电和通信产品。

因此，通过分析不同的用户消费习惯和用户属性，了解用户的不同购物习惯，确定消费群体，有助于帮助商家制定营销方案，吸引目标消费群体的关注。

（三）淘宝网的发展历程

1999 年阿里巴巴诞生，成为中国最大的 B2B 网上贸易市场平台。随着阿里巴巴的逐渐壮大，马云开始涉足 C2C 领域。2003 年 5 月淘宝网诞生，刚开始淘宝网打出"三年免费"的旗号，斥资 1 亿刺激淘宝网注册。淘宝网拥有近 5 亿的注册用户数，每天有超过 6 000 万的固定访客，同时每天的在线商品数已经超过了 8 亿件，平均每分钟售出 4.8 万件商品。从 2004 年 2 月开始，在联网实验室电子商务网站 CISI 人气榜上，淘宝网以每月 768% 的速度上升到仅次于 eBay 的第二位；2005 年，淘宝网排名超过 eBay，位居第一。来自艾瑞咨询的报告显示，2004 年中国网上拍卖市场规模实现了 217.8% 的增长，全年成交金额从 2003 年的 10.7 亿元增至 2004 年的 34 亿元。2005 年 5 月，淘宝网超越日本雅虎，成为亚洲最大的网络购物平台。2005 年，淘宝网成交额破 80 亿元，超越沃尔玛。2006 年，淘宝网成为亚洲最大购物网站，也就在这一年，淘宝网第一次在中国实现了一个可能——互联网不仅仅是作为一个应用工具存在，它将最终构成生活的基本要素。2007年，淘宝网不再是一家简单的拍卖网站，而成为亚洲最大的网络零售商圈。这一年，淘宝网全年成交额突破400亿元，成为中国第二大综合卖场。

2008年，淘宝网B2C新平台——淘宝商城（天猫前身）上线。2010年1月1日，淘宝网发布全新首页，此后聚划算上线，然后又推出一淘网。2011年6月，淘宝公司分拆为三个独立的公司，即沿袭原C2C业务的淘宝网，平台型B2C电子商务服务商淘宝商城和一站式购物搜索引擎—淘网。2012年1月11日上午，淘宝商城正式宣布更名为"天猫"。2012年3月29日，天猫发布全新Logo。2012年11月11日，天猫借"双11"大赚一笔，宣称13小时卖100亿元，创世界纪录。2016年3月29日，阿里巴巴集团CEO张勇为淘宝的未来明确了战略：社区化、内容化和本地生活化是三大方向。

（四）电子商务营销

电子商务营销是在现代电子计算机技术的基础上发展起来的。电子商务最重要的一点就是为用户制造、提供商品或服务，因此电子商务营销侧重于用户的地位，并且强调用户关系管理。因此，电子商务营销是基于传统营销理论发展起来的，考虑互联网发展的大环境和在这种环境下用户需求的变化，对传统理论进行改进，适应互联网发展的时代。电子商务营销与网络营销既有联系又有不同，网络营销不是一个完整的商业交易过程，而电子商务营销最基础的一点就是交易方式的电子化，意味着交易活动的发展，因此电子商务营销包含网络营销，没有网络营销就没有用户，也就不会发展交易，所以网络营销是电子商务营销的重要组成部分。根据用户的地位和个性化需求的发展，目前已有的网络营销理论主要有以下内容。

（1）4C营销理论。

随着电子商务的兴起和广泛运用，用户的地位越来越重要，企业逐渐注重与用户的沟通和交流，传统的4P营销理论越来越不适应电子商务的发展，以用户为中心的4C营销理论逐渐取代4P营销理论的地位。4C营销理论为Customer（用户）、Cost（成本）、Convenience（便利）和Communication（沟通）四个英文字母的缩写，其认为，企业必须首先了解和研究用户，根据用户的需求来提供产品。同时，企业提供的不仅仅是产品和服务，更重要的是由此产生的用户价值。企业在考虑成本时不单指企业的生产成本还有用户的购买成本，同时也意味着产品定价应该低于用户的心理价格，同时要使企业有所盈利。企业需要为用户提供最大的购物和使用便利。4C营销理论强调企业在制定分销策略时，要更多地考虑用户的方便，而不是企业自己方便。要通过好的售前、售中和售后服务来让用户在购物的同时也享受到便利。便利是用户价值不可或缺的一部分。最后，企业应通过同用户进行积极有效的双向沟通，建立基于共同利益的新型企业与用户关系。这不再是企业单向地促销和劝导用户，而是在双方的沟通中找到能同时实现各自目标的通途。

（2）软营销理论。

软营销理论是针对工业经济时代的以大规模生产为主要特征的"强势营销"提出的新理论，它强调企业进行市场营销活动的同时必须尊重用户的感受和体验，让用户能舒服地接受企业的营销活动。软营销在遵循网络礼仪的前提下，向用户传递有价值的信息，传递过程更加理性，更容易被用户接受，进而达到一种微妙的营销效果。

电子商务营销更加注重用户的感受以及用户的个性化需求，因此软营销理论是电子商务营销所必需的，也可以说电子商务营销是一种软营销。从人们接触最多的电子商务平台淘宝网的卖家与买家打招呼来说，"亲"就是一种软营销的特殊表现。软营销的主动方是用户，而强势营销的主动方是企业。个性化消费需求使得用户在心理上要求成为主动方，而网络的互动特性又使用户实现主动方地位成为可能。

（3）直复营销理论。

美国直复营销协会认为，直复营销是一种为了在任何地方产生可度量的反应和达成交易而使用一种或多种广告媒体的相互作用的市场营销体系。而网络是一种可以双向沟通的渠道和媒体，用户可以直接通过网络订货和付款，企业可以通过网络接收订单与安排生产，并将产品及时送到用户手中，电子商务营销更加贴近直复营销的概念。直复营销主要是针对用户个性化的需要提出特殊的营销方案，与用户进行一对一的互动，更有利于建立和保持彼此间良好的关系。随着互联网的发展，网络直复营销方式不断推陈出新，充分发挥出自身的优势。

（4）网络关系营销。

网络关系营销，是指企业借助联机网络、电脑通信和数字交互式媒体的威力来实现营销目标。它是一种以用户为导向、强调个性化的营销方式，适应了定制化时代的要求，具有较强的互动性，是实现企业全程营销的理想工具。它还能极大地简化用户的购买程序，节约用户的交易成本，提高用户的购物效率。并且网络关系营销更多地强调企业应借助于电子信息网络，在全球范围内拓展客源，为企业走向世界提供基础。现代企业应充分发挥互联网的互动优势，灵活开展网络关系营销，促进企业的持续发展。以网络为介质的关系营销活动更加具有快捷性、便利性以及互动性，有利于企业快速解决用户的疑难杂症，同时也便于企业发现自己的疏漏。此外与其他公众建立长远的、顺畅的沟通和联系，也有助于企业日后的发展，网络关系营销能在电子商务营销中更好地体现。

第二节 电子商务营销现状——以淘宝网为例

淘宝网成立于2003年5月，由阿里巴巴集团投资创办。目前，淘宝网的网店是亚洲第一大网络零售商，其目标是创造全球首选网店零售商。淘宝网通过结合社区增加网购人群，并且采用最新团购模式，让网购人群乐而不返。

（一）淘宝网的现状

随着中国 C2C 市场进入 21 世纪，经过几年的发展，eBay 在中国的市场已站稳了阵脚，占据了 90% 以上的市场份额。但是 eBay 在中国的发展过程中逐步暴露出缺点，其中最致命的一点就是坚持收费的原则，这给很多资本不大的商家带来很大负担。马云发现了 eBay 的缺点，发现市场商机。2003 年 7 月，马云在杭州宣布阿里巴巴投资 1 亿元开办了淘宝网，2004 年，阿里巴巴对淘宝网再次追加 3.5 亿元，开始向 eBay 全面进攻。到了 2005 年，淘宝网店每日在线商品数量超过 1 200 万件、网页日浏览量突破 1 亿、注册会员数已突破 1 500 万、成交额突破 89 亿元，市场份额已经超过 72.2%。淘宝网一举超越了 eBay，坐上了中国市场头把交椅，改变了中国电子商务的格局。

淘宝网在最初就是瞄准竞争对手的缺点开展营销的，因此只有让个体用户知道淘宝网才能获取生存利益。最开始淘宝的发展之路也很不顺，由于知名度较低，被排除出了三大门户的广告平台，这无疑是比较大的打击。淘宝网店以较低、较少的成本，在成百上千个小网站上投放淘宝网的广告，而这些网站的影响力也是强悍的 eBay 无法顾及的。正是这些不起眼的小网站成就了淘宝网的"名声远扬"。淘宝网店成为亚洲最大的网络零售商店之一。

淘宝网店作为电子商务发展的必然产物，以互联网为依托，以模式子技术平台为基础，具有开放性、高效率、低成本的一些特点，突破了传统营销阻碍，越来越多的人发现网购的便利性而纷纷加入网购队伍，也支持了淘宝店的迅速发展。

（二）移动电商发展趋势

移动电子商务是移动化的电子商务，是指利用手机等无线终端设备，将移动通信技术与互联网等技术相结合，进行随时随地的网络交易活动，这也是未来的发展趋势。艾瑞咨询发布的 2015 年电商数据显示，2015 年中国移动端网购交易额同比暴涨 123.2% 至 2.1 万亿元，在网购总交易额中的占比首次超越 PC 端达到 55%。

与传统的电子商务活动相比，移动电子商务具有以下几个特点：①移动电子商务的无线化、移动化使电子商务的过程不受时空的局限，更自由、更便利。②由于手机等移动设备的广泛普及，移动电子商务的用户群体更加多元、用户规模更大。③由于手机使用推行实名制，移动电子商务的用户身份更容易确认，更利于实现电子商务的信用安全认证。④由于手机等移动设备可以被快速地连接和定位，移动电子商务可以为用户提供更广泛的定制服务，及时满足用户更多个性化的需求。⑤移动电子商务的便利性使企业的推广和发展更加快速。⑥由于移动电子商务接入了更多互联网技术和其他新兴技术，移动电子商务的产品和服务更加多元、更具创新性。电子商务近年的发展速度很快，而移动互联网的发展和迅速普及对人们生活方式、生活习惯的改变具有更大的影响。移动互联网的高速发展带动了移动电子商务的迅速兴起，传统电商企业早已纷纷布局移动电子商务，并且搭建数据平台作为运营的核心依据。移动终端可以连接庞大的用户群，加上各类移动应用软件的蜂拥而至，移动电子商务的发展将备受瞩目。电子商务近年的发展速度很快，而移动互联网的发展和迅速普及对人们生活方式、生活习惯的改变具有更大的影响。移动互联网的高速发展带动了移动电子商务的迅速兴起，传统电商企业早已纷纷布局移动电子商务，并且搭建数据平台作为运营的核心依据。由于移动终端可以连接庞大的用户群，加上各类移动应用软件的蜂拥而至，移动电子商务的发展将备受瞩目。

（三）电子商务营销存在的问题

淘宝网的成功可以说是空前的，但是随着淘宝网普及度的提高及环境的复杂化，竞争越来越激烈，淘宝网特别是淘宝网的电子商务营销方式也逐渐暴露出许多问题。

1. 商品品质参差不齐

淘宝网的 C2C 部分以集市的形式运营，淘宝网上卖同类产品的卖家特别多，竞争十分激烈，因此各个商家使出浑身解数吸引用户的到来，而其中价格战是许多商家所选择的，因为在淘宝网上价格是非常有竞争力的吸引手段。但是往往低的价格就会使得商品的品质降低，甚至出现假货，并且淘宝网不收取交易费，对卖家的管理也相对松散，使得淘宝网一度被人称为"假货集散地"。淘宝网的免费策略为其赢得了行业霸主的地位，并且现在依然占有 C2C 市场 80% 的份额，但是"免费"这把双刃剑也让很多用户对淘宝网的产品是否为真货加以质疑。长期来看，淘宝网必须增强打假意识，才能保证长远发展。

2. 物流配送体系欠缺

淘宝网的商家众多，交易零散，因此其物流体系一直难以形成，物流主要依靠第三方物流公司，导致物流服务质量不可控，而物流配送费用直接影响买卖双方的交易。

货物配送的速度和质量，是关系淘宝线下服务好坏的关键。随着淘宝网规模的不断扩大，物流配送也越来越受到广大用户的关注。甚至收货时间的长短成为用户考虑是否购买某家商品的关键因素。打折季，或者某一个节日，是所有货物配送的高峰期。这个时候物流配送的问题也容易集中暴露，如派件速度降低、商品受到毁坏、派送出现混乱等，这是每次配送高峰期经常出现的问题。这些问题都无不暴露出网购在整个商业活动中的不足，对物流配送整个体系也提出了更高的要求。保障物流配送体系的高效性，同时及时让用户了解到整个配送过程的进展情况，是淘宝网能否持续高效发展的关键。并且从长远的发展来看，农村市场势必成为其发展的一个主要方向，而现在的物流公司由于成本等问题，基本不为农村地区提供配送服务，导致很多农村地区的网民因物流配送超区而放弃选择网购。因此，淘宝网应该建立自己的物流公司，完善其物流配送体系。

3. 虚假信用

网络购物最大的一个问题就是不能直接接触商品。用户对于购买的商品在前期是接触不到的，所以用户在判断商品是否符合自己的要求时，就是根据卖家提供的商品详情、图片、信用、评论等来做判断，而商家的信用是其中最重要也是用户最关注的一个标准。一般来讲，商家的信用指数越高，其出售的商品质量就越有保障。这样就导致新的店铺在开业之初举步维艰，即使其销售的是物美价廉的物品，也没有人愿意冒风险去购买。为了使店铺生存和发展，就衍生了一个职业——专门"刷好评"的刷单员，从而导致淘宝卖家店铺信用有时候并不可信。对于这一点，淘宝虽然已经有许多规范来控制，但是仍然有各种方法来刷高店铺的好评率，提高信誉。因此，淘宝网仍需要加大力度进行规范治理。

4. 竞争策略同质化

目前，中国的网购市场逐渐庞大，越来越多的人加入网购的队伍。因此，我国的网购平台也层出不穷，淘宝网的竞争越来越大，但是淘宝网的竞争策略和同行非常相似，其营销策略很容易复制,导致了竞争策略的同质化。无论是在竞争中获胜的法宝——免费策略、第三方支付等策略还是淘宝旺旺的应用、页面的设置等内容,使用者都会发现,淘宝与其竞争对手拍拍、eBay 等区别不大。因此,淘宝要想在竞争中保持自己的优势地位,就必须不断地推出创新性的营销策略。

5. 淘宝网市场有待拓展

根据"阿里巴巴电子商务发展指数(aEDI)",阿里研究院排名形成 2016 年中国"电商百佳城市"榜单。杭州蝉联榜首,深圳和广州分列第二位和第三位,第四位到第十位依次为金华、上海、北京、泉州、武汉、厦门和东莞。与 2015 年相比,深圳和上海上升 1 位,广州和北京下滑 1 位,金华和泉州位次未变,武汉和东莞分别上升 4 位、1 位,进入前十。而苏州和中山分别下滑 3 位、1 位,跌出前十。由此可见,一、二线城市的网购比较成熟,市场发展得较好。但是就发展潜力看,一些小城市的发展速度也不容小觑,特别是一些农村地区,力量不断强大。虽然小城市的整体网购环境并不算非常好,但随着电商的渗透,用户对网购的信任度正在逐渐增加。因此,淘宝网还需要对这些未开发的市场做进一步拓展。

第三节 电子商务网络营销策略

电子商务平台的网络营销面临着众多的竞争。以淘宝网为例,与淘宝网类似的平台有许多,淘宝网要想保持目前的位置需要更新营销策略。因此,淘宝网需要不断总结问题,找出合理的解决方法,不断提升营销策略。

(一)信用策略

网上交易有一个弊端就是无法面对面沟通,依靠的是文字沟通,因此商家的信用至关重要,所以淘宝网需要建设信用体系,让买家买得放心。首先,需要从源头把关卖家的真实情况。虽然现在开设网店,在注册时需要出示身份证和照片,但是因为现在造假手段高明,淘宝网还是需特别重视卖家的真假,与其他机构合作,辨别身份证的真伪。只有在源头把好了关,才能避免后续一系列不必要的麻烦。进而保证好买家的利益,让买家买到质量有保证的商品,维持好网络交易的公正。其次,网络的虚拟性在一定程度上影响了网络交易长期健康的发展。现在实体经营都是通过工商部门的认证和注册,保证了个体经营者的合法真实性。虽然现在淘宝网对于食品和药品的监管比较严格,需要认证,但还是存在许多领域的监管不到位,因此网店注册若能与实体经营者的注册相结合,相互取长补短,便可相得益彰,也保障了网店店主获取批准权的利益。信用级别对于淘宝网的卖家来讲,是店铺经营中最重要的一部分,但是现在"刷好评"的现象非常普遍,这就导致商家的信用存在水分。因此,淘宝网在这方面应该对于每次的交易都进行电子追踪,确保一次交易有一个有效的评价。有些卖家因为买家对其服务、产品等出现的问题给出的"中、差评"而恼羞成怒,给买家打电话恐吓,甚至打电话给买家单位领导的情况屡屡出现,对此淘宝网应该多加规范,严厉打击。

除了对商家进行管理之外,对买家也需要建立信用体系进行管理。淘宝网是以买家也就是用户为中心的,许多的政策都是倾向用户的,但是有时候卖家的利益也会受到侵害。以商家的回款速度来看,支付宝服务为淘宝网的发展贡献了力量。但是起初支付宝的运行使卖家处于很被动的地位，有很多用户到货后并没有及时确认收货，支付宝就没有及时付款给卖家，这就使得回款成为卖家面临的一个重大问题，虽然淘宝网有采取一些措施提高用户确认收货的积极性，但这些措施还是没有引起用户的关注。鉴于淘宝网的用户不仅指购物的用户，还包括为用户提供商品的商家，淘宝网积极完善了其支付宝服务，想办法解决卖家回款问题，它与物流公司合作，以物流公司用户签收的单据作为扣款的标准。

（二）用户策略

用户是上帝，淘宝网要想保持原有的地位，就必须从各个方面了解用户需求，让用户对在淘宝网消费感到满意。

首先，操作需要简洁明了。淘宝网的网页和手机页面还是比较清晰的，主页的商品分门别类，导航分类细致，为使用者提供了有针对性的信息。从美观的角度上来看，网站的设计、布局搭配合理，让人感觉很有条理，色彩与文字相结合，给人以亲切友好的感觉。鉴于淘宝网的使用者多是有目的地寻找自己所需要的商品，网站在其主页最显眼的位置设置了搜索栏，用户可以根据自己的需要进行搜索，也可以随意浏览，通过比较来选择最适合自己的物品。简洁友好的界面，是淘宝网需要持续不断地坚持的方向。

其次，提高服务质量。对于买家而言，即使是新手也很容易上路，只需要在淘宝上注册一个用户名填上自己的邮箱或者手机号码，设置密码，淘宝网会自动为用户生成支付宝账户以方便付款。现在针对越来越多的手机用户，淘宝网也开通了专门针对手机用户的手机用户淘宝，注册程序也一样简洁、易操作。而对于淘宝卖家来讲，注册的程序就要稍复杂一些，需要卖家提供身份证，并通过身份审核，以保证交易的安全和用户的权益。无论是买家还是卖家，在"我的淘宝"上，都有用户的买卖记录，追踪自己买卖的产品的物流记录，收藏自己感兴趣的商品和收藏的店铺，以及"购物车"的功能，用户随时登录浏览自己感兴趣的信息。此外，淘宝网会根据用户的淘宝经验，为用户推荐一些用户可能感兴趣的产品，极大地方便了用户，同时也为一些卖家宣传了产品。

最后，物流方案优化。物流是淘宝网非常重要的一部分，是保证网络淘宝的重要一环，它联系着销售、服务等环节，至关重要。由于淘宝网上的卖家众多，相对零散，物流一直是淘宝网发展的一大障碍。卖家都各自联系快递，导致快递形成不了一个网络，难以保证物流的速度。淘宝网的商家都是各自为政的，所以这个问题是非常难解决的。淘宝网应该正视这一问题，充分重视物流在保障用户安全高效的网络交易活动中的作用。与物流公司达成战略联盟关系，充分地保障淘宝网第三方物流在成本、经验、服务质量方面的优势。有效地降低消费成本，控制流通中的各种多余费用。由于联盟，淘宝网用户多了第三方物流公司这个第三方证人，同时也可以更好地享受"全额赔付制度"带来的物流保障体系。

（三）沟通策略

经过十几年的经营，淘宝网逐步树立了良好的品牌形象，并且在用户心中也占据了重要的地位，有广泛的群众基础。淘宝网需要进一步明确市场定位，充分塑造和提升品牌的核心价值，不断丰富品牌的内涵。对于一个企业来讲，品牌是最重要的，只有打造出用户和社会认可的品牌，通过多渠道宣传，才能培育用户的忠诚，提升企业的品牌知名度和美誉度。

首先，淘宝网可以积极推行公共关系策略。淘宝网可以借助参与各种公益活动提升自己的社会美誉度，同时也很好地履行了公司的社会职责。

  其次，淘宝网可以借助网络媒体的力量进行宣传。例如，可以借助拥有众多粉丝的微博作为宣传的窗口。根据微博2016年财报显示，截至2016年年底，微博月活跃用户数突破3亿，移动端占比达90%。拥有如此庞大的用户，微博的传播能力不容小觑。微博具有立体化、高速度、便捷性和广泛性的特点，淘宝网可以借助这一平台对自己的品牌进行推广、利用微博来宣传产品等。此外，根据之前对手机用户有很多来自农村地区的分析，淘宝网可以对广大的农村用户做进一步渗透，进行有效宣传。同时，病毒营销是通过用户的口碑宣传网络，信息像病毒一样传播和扩散，利用快速复制的方式传向数以千计、数以百万计的受众。也就是说，通过提供有价值的产品和服务，"让大家告诉大家"，通过别人为你宣传，实现"营销杠杆"的作用。目前，病毒营销已经成为网络营销最为独特的手段，所以淘宝网可以利用病毒营销来对自己进行宣传，并且传播自己的品牌理念。

第三章

搜索引擎营销

知识目标

1. 搜索引擎营销的概念。
2. 搜索引擎营销的方法。
3. 搜索引擎营销的前景。

能力目标

1. 把握搜索引擎的发展态势。
2. 增强运用搜索引擎进行网络营销活动的能力。

案例导入

兰蔻（Lancom）是国际著名的高端化妆品品牌，主要的用户群体是教育程度、收入水平较高，年龄在 25~30 岁的女性。针对这一人群的特性，兰蔻为了在中国市场的推广，选择了百度搜索平台作为营销平台，将关键字投放、品牌专区、关联广告、精准广告等不同营销形式有机地整合在一起，在提升企业形象的同时增加了投放转化率，提高了销售质量。兰蔻具体的搜索引擎营销方法是关键词投放，当你在百度搜索引擎输入如感光滋润粉底液等兰蔻新产品信息时，或者在网页搜索兰蔻代言人名字或在百度查询化妆品信息时，兰蔻的广告就会出现，这可以让更多潜在的用户接触到相关信息（图 3-1）。

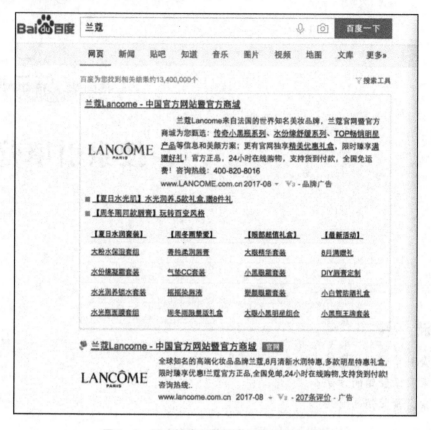

图 3-1　百度搜索引擎搜索兰蔻的内容截图

第一节　搜索引擎营销概述

搜索引擎是根据一定的策略、运用特定的计算机程序从互联网上收集信息，在对信息进行组织和处理后，为用户提供检索服务，将用户检索相关的信息展示给用户的系统。

（一）搜索引擎基本原理

搜索引擎由信息搜索系统、索引数据库和查询接口三部分组成。搜索引擎的原理可以简化为三个步骤：第一，从互联网上抓取网页，搜索引擎通过特定规律，根据命令和文件的内容跟踪网页的链接，像蜘蛛一样爬行在不同链接之间。第二，建立索引数据库。搜索引擎是根据第一步的蜘蛛爬行将爬行到的网页数据存储到原始页面数据的，搜索引擎蜘蛛在抓取页面时也做一定的重复内容检测，一旦遇到大量抄袭的内容就停止爬行。第三，索引数据库中搜索排序，当用户在搜索框中输入关键词，排名程序调用数据库，计算排名给用户，一般搜索引擎排名规则是根据日、周、月不同阶段进行更新的。由此可见，搜索引擎搜索的内容是预先整理好的网页索引数据库，并非从互联网上进行搜索。

（二）搜索引擎营销原理

搜索引擎营销是根据用户使用搜索引擎的方式，利用用户搜索相关信息的机会尽可能传递营销信息给目标用户。搜索引擎营销正是利用用户搜索关键词反映对该产品的关注，这就是搜索引擎被应用于网络营销的根本原因。通过搜索引擎能实现不同目标层次的结果，其目标层次分别是存在层、表现层、关注层、转化层（图3-2）。

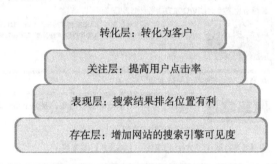

图3-2 搜索引擎营销的目标层次

第二节 搜索引擎营销模式

搜索引擎在互联网上有着重要的作用，当用户想了解某些信息时，往往会通过搜索引擎来进行搜索，而对于大多数用户来讲，主要看搜索结果第一页的内容，因此搜索结果靠前就是搜索引擎营销的最终目标。搜索引擎营销模式可以分为很多种，主要有以下几个模式。

1. 竞价排名

竞价排名是一种按效果付费的网络推广方式，可以用少量投入为企业带来潜在用户，能够非常有效地提高企业的知名度和销售情况。由于搜索结果排名越靠前越有机会被点击到，因此不同商家之间通过竞争给出不同的价格，商家的价格越高，排名就越靠前。竞价排名的营销模式最初是百度在国内推出的，之后谷歌、雅虎等著名搜索引擎网站也全部使用了竞价排名的营销模式。一般来说，百度的竞价排名也称为百度推广，企业在购买该项服务后，通过注册提交一定数量的关键词，其推广信息就会率先出现在网民相应的搜索结果中。简单来说就是当用户利用某一关键词进行检索，在检索结果页面会出现与该关键词相关的内容。

假设企业在百度推广注册提交"ABC"这个关键词，当用户搜索"ABC"时，企业就会优先被找到，百度按照实际点击量收费，每次有效点击收费从几毛钱到几块钱不等，这是由企业产品的竞争激烈程度决定的。我们从图3-3来看具体百度推广的显示位置。如我们搜索"汽车"，搜索结果的前几个就是竞价排名的结果，图3-3中内容就是推广的内容。

图3-3 百度推广的截图

竞价排名的作用是：第一，商家按效果付费，只要用户点击了推广链接，推广者就需支付百度一定费用，如果没有人点击，则无须付费。第二，用户检索内容高度相关，增加了推广的定位程度。有些推广信息和搜索目的高度吻合时，系统将以"广告"形式展示在自然搜索之前。第三，搜索结果越靠前越容易让潜在用户关注到，效果越显著。第四，可以有效弥补推广者排名不好的劣势。第五，推广者可以自己控制点击价格和推广费用。第六，方便推广者对推广效果做统计分析。当然，竞价排名也有以下缺点：第一，如果没有及时充值关键词，广告就会消失。第二，越来越多的网民意识到广告的位置，会专门避开这些位置。第三，如果有对手想恶意点击，则会增加推广者无谓的费用支出。第四，当所选关键词竞争力越大，广告的位置又只有一小部分，因此有些推广者会为此付出很高的费用。第五，前面几个缺点有可能带来投入与产出不成正比。

2. 关键词广告

关键词广告是指显示在搜索结果页面的网站链接广告。一般来讲，关键词广告在右侧，关键竞价在左侧，在自然排名之上。大家一般会先关注搜索结果的主页面，然后才扫一下右边的广告，因此，关键词广告相比关键词竞价有相对的弱势（图3-4）。

图 3-4　竞价排名位置

3. 分类目录

分类目录将网站信息进行系统分类，提供一个按类别编排的网站目录；在每类中，排列着属于这一类别的网站站名、网址链接、内容提要，以及子分类目录，浏览者可以在分类目录中逐级浏览，寻找相关的网站。分类目录中往往还提供交叉索引，从而可以方便地在相关的目录之间跳转和浏览。如果想找某类信息，可以通过目录找到相关类别的网站信息，同时也可以通过输入关键词进行搜索，但是搜索的结果可能就不是同一类别的产品，而有可能是名字相同的不同类别的产品。

4. 搜索引擎优化

搜索引擎优化（SEO）是利用搜索引擎的搜索规则来提高目前网站在有关搜索引擎内的自然排名的方式，以达到网站推广目的的技术手段。搜索引擎优化重视的是网站内部基本要素的合理化设计，更重要的是为用户获取信息和服务提供方便（图 3-5）。

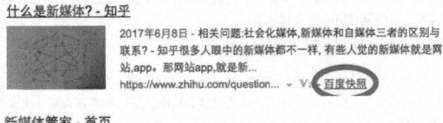

图 3-5　搜索引擎优化位置

搜索引擎优化是为了从搜索引擎中获得更多的免费流量，使网站获得品牌收益。搜索引擎优化有其独特的优点：第一，搜索结果在关注度上要比搜索广告更有优势，越来越多的网民意识到广告的位置会刻意去避开，因此排除推广位置后，排名越靠前越有被点击的概率。第二，建立外部链接，让更多站点指向自己的网站。第三，为用户带来更高的投资回报。第四，网站内容的良好优化可以改善网站对产品的宣传力度。

第三节　搜索引擎营销前景

随着互联网的发展，搜索引擎日益成为人们生活中重要的一个部分，也成为企业重要的网络推广手段。但是，目前我国的搜索引擎营销还处于比较低的应用层次，大多企业只是购买关键词广告，或者搜索引擎优化，并没有将搜索引擎营销作为企业营销策略的组成部分。因此，对于搜索引擎营销来说，前景是相对乐观的，主要可以从以下几个方面来看。

（一）搜索引擎营销认可度越来越高

越来越多的企业意识到互联网的重要性，搜索引擎是越来越多的网民接触互联网的重要工具。我国已有超过95%的中小企业加入互联网，同时各搜索引擎也在不断研发产品，推出有效的营销形式，而且搜索引擎营销具有覆盖面广、定位精准、方式灵活等优势，因此越来越多的企业进行搜索引擎营销。

（二）搜索引擎营销在企业营销战略中的地位越来越高

企业在进行网络营销时，应重视整体效益，制定一个整体的战略。但是现在许多企业将网络营销和搜索引擎营销分割开，这样的做法明显是不对的。现在越来越多的人接入互联网，因此企业未来应将搜索引擎营销当作网络营销的重要组成部分。

（三）搜索引擎营销向产业化发展

搜索引擎用户不断增长，其未来会更加细化，因此搜索引擎营销的应用将向深度进行整合，不单是将搜索引擎营销和网络营销的整合，还在于传统营销方式的整合。在市场方面，有专门负责市场分析的咨询机构，甚至还有专门针对搜索引擎营销衍生的学术化市场分析，这必将推动我国搜索引擎营销向产业化发展。

（四）搜索引擎营销的重心向移动营销倾斜

随着智慧型手机的广泛应用，移动互联网的应用也更加广泛。有调查显示，现在超过9成的网友都是通过移动端上网的，因此营销载体肯定会从电脑端转移到移动端，搜索引擎营销也会向移动营销倾斜。

第四章

视频营销

知识目标

1. 视频营销的概念、种类。
2. 视频营销的策略。

能力目标

1. 了解视频营销的商业价值。
2. 视频营销的应用。

案例导入

视频往往比图片来得更直观,更能给看视频者带来震撼,提高其参与度,并且能为企业扩大知名度。在视频营销方面,大多数企业采用短视频的形式,因为制作短视频的成本和预算较低,并且比较符合当前移动互联网的趋势,而且人们利用移动端设备上网的时间比较碎片化,所以短视频营销能达到更好的效果。

对于食品而言,人们最关注的莫过于食品安全问题。BEN&JERRY'S 是以口感和口味闻名美国的冰淇淋品牌,它巧妙地借助人们最关注的点做营销。它利用一个非常简短的视频在社交平台上公布了冰淇淋的制作过程,大大增加了用户对该品牌的信心,提高了品牌的知名度。

视频营销还能够为一些企业解决用户的问题。这是因为视频能够在短时间内直观地展现品牌的专业性和权威性。Intel 曾在社交媒体上展示怎样用一件毛衣制作一个超级本电脑包。首先从创意来看,这个话题已经具有吸引眼球的点;其次这个视频也展示了如何利用一些闲置的物品完成一件事,非常具有实用性。基于这两点,Intel 此次视频营销是非常成功的。

第一节 视频营销概述

据不完全统计,2016 年全年视频平台自制网络综艺有 93 档,2017 年依据各平台的招商计划，预计自制网络综艺将有 113 档。其中 2017 上半年，各大视频网站已播出的自制综艺共有 47 档，相较于 2016 年上半年涨幅高达 74%。网络综艺近年来逐渐成为给视频网站创造流量以及吸引广告的主力内容之一，因此各平台均着力布局网络综艺战略，竞争日渐激烈。由此可见，随着视频用户的增多，网络视频营销也随之兴起，随着视频的不断创新，视频营销手段也呈现多样化的态势。

（一）视频营销的概念

视频营销是指企业或个人以视频短片的形式放到互联网以达到宣传的目的。目前视频的方式主要为广告、宣传片、微电影、网络视频等。视频营销只有通过良好的制作、故事情节，以及最重要的——符合大众的口味才能起到好的宣传作用。

1. 视频营销的特色

用户可以自主选择视频观看，因此视频营销的成功必须带有以下特色。

第一，视频营销必须足够吸引用户，而这个吸引力很多时候来自趣味性，有趣的视频除了能够带来欢乐，还让观众自主转发分享，能够有效提高企业的影响力。因此，企业做视频营销时，可以围绕企业文化、产品价值和品牌信息来拍摄，再加上趣味性。但是，目前企业为了吸引人流，仅用视频标题博得观众眼球，可是实际内容又与标题无关，这样的做法是不可取的，严重的会引起观众的反感。有趣的内容应该是贴近生活的、符合大众口味的、可以反映社会某些现象的，这样才能得到大家的欢迎。例如，活跃在微博上的网络红人 Papi 酱，之所以有非常多的粉丝就是其每周一次的视频特别有趣，展示的都是人们所关注的一些热点，用夸张的语气和说话方式得到大众的喜欢。因此，视频营销需要增加视频的趣味性来得到人们的关注，实现营销目的。

第二，视频营销除了要有趣味性之外，还要有情感和贴近热点。社会热点往往能吸引大众的眼球，视频营销中通过热点冲击人们心灵的东西更能获得关注。近年来中国有很多女性到了适婚年龄但是还保持单身的状态，社会上给了这一群女性不太尊重的称呼"剩女"，并且中国社会对"剩女"的主流价值判断就是：女人结婚才完整，不结婚的那都是个人有问题。但是其实这都是个人选择而不应该由大众来评判，因此，"剩女""相亲"成为社会的热点问题。著名化妆品品牌 SKⅡ 做了一个《她最后去了相亲角》的广告，刷爆了朋友圈。这个广告讲述的几位平凡的女性被主流的价值观和父母的情感绑架着，她们有时候感觉对不起父母，有时候又觉得追求自己的爱情没有什么问题。而父母则到相亲角，将孩子像待售商品一样张贴广告。最终孩子们为了改变父母的观点，集中到相亲角原来挂着自己照片的地方用便条写了自己的真心话，而父母也最终选择了理解。可以说 SKⅡ 的这个广告直戳人心，让人觉得温暖，也让很多人找到共鸣，让大家对这个品牌有了更多的关注和好感，因此 SKⅡ 此次视频营销是成功的。

2. 视频营销的优势

视频营销可以说是网络营销中一个非常重要的内容。由于现在越来越多的人使用互联网看视频，同时在互联网的环境下，视频的传播速度更快，也更具有互动性，而且相比电视广告，网络视频的制作成本更低。

（1）制作成本低廉。

网络视频的制作相比传统的电视广告，成本非常低廉，因为一个电视广告的投入基本是十万、百万的事情，但是一个网络视频投入就非常低了，几千块就可以制作一个短片。由于网络视频的广泛性，再加之现在的网络自制剧、自制综艺等非常丰富，一个小小的视频广告也能给企业带来无限商机，取得良好的营销效果。近几年由于网络视频的广泛传播，微电影也逐渐兴起。微电影利用比传统电影简单的设备和简短的时长来讲述故事，时间和资金成本都很低。如蔡康永执导的时长7分23秒的微电影《终生一跃》就是利用Sumsung Galaxy拍摄出来的，这部微电影虽然简短但是云集了许多大明星，得到许多好评。由此可见，从设备来说技术壁垒越来越低，成本也可大幅降低。

（2）传播速度快。

现在上网的设备更加便利，电脑、手机都更加普及，互联网的传输速度也在不断发展。可以说，现在只要有设备有网络，对全球发生的大事网民都会都了如指掌。网络发布信息迅速，网民分享是让视频迅速传播的基础，也可有效实现营销。如2010年红遍大江南北的电影《老男孩》，它引起很多共鸣，其诙谐幽默又不乏煽情部分，在短短的时间内点击量过亿，这部短篇电影在互联网环境下迅速走红，也让我们看到了视频营销的威力。在互联网的世界里，用户既是受众又是传播者，看到好的视频就愿意将其进行分享，而每个人又都有自己的朋友圈，朋友看到后又分享，因此这个视频就能得到几何倍数的转发量，受众面特别广，甚至可以迅速地传播到国外。因此制作精良、能得到大众喜爱的视频是非常有力的营销方式。

（3）互动性强。

与传统的营销方式不同的是，视频营销可以实现实时互动。一般视频营销都是在社交网站上进行的。社交网站最大的一个特点就是能够评论互动，因此互动性的提高使双向沟通变得更好。及时的反馈和互动能够有效提高营销的效率，企业可以根据受众的反应进行营销评估、调整战略，进而提升营销的效果和影响力。网络视频的观众可以观看视频也可以对视频进行评论，观众的评论往往能给节目带来热点和议论点，促使其他人加入到观看视频的队伍中。互联网上的言论更加自由，人们可以根据自己的喜好对视频进行评价，有争议性的视频更能得到人们的评价，造成火爆的曝光率。

（4）营销精准化。

用户可以轻松将视频内容进行转发，分享给朋友，朋友看到喜欢的视频再将其分享，由此，兴趣爱好相近的群体可以联结在一起。所以，视频由于在兴趣相近的群体间分享并且用户可以广泛参与其中，一起讨论，可实现精准营销。

（二）中国网络视频营销市场分析

根据艾瑞网《2016年Q4中国移动付费视频用户白皮书》的报告显示，2016年中国在线市场规模为609亿元，同比增长55.9%，随着用户规模逐渐增大，中国网络视频营销的效果会逐渐增强（图4-1）。

随着视频用户的逐渐增多，许多企业发现了视频网站的商机，纷纷利用视频做起营销，视频广告开始走向产业化，各视频网站不断推出不同类型的营销产品，根据不同群体需求，通过创新的方法和大数据的分析帮助企业进行精准营销，由此可看到现在各大视频网站的广告逐渐增长。同时，由于视频营销的火爆，视频的内容质量也不断提升，IP策略和内容运营对视频内容也有很大的促进，因此视频内容也有了更大的利润空间。但是要使视频营销的

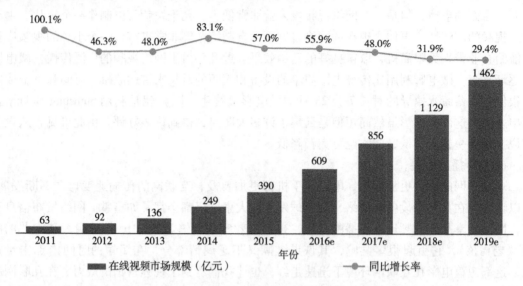

图4-1 2011—2019年中国在线视频行业市场规模预测

效果更加显著,需要结合中国实际情况进行研究,探索适合的道路。

第一,移动端投入更多。随着互联网的深入发展,用户上网逐步从电脑端转向手机端,据调查,超过50%的用户使用移动端流量观看网络视频,并且覆盖率和时长明显增加,广告主对移动视频营销的接受度逐渐增高。基于不同渠道的发展,用户观看视频渠道流转,广告主跨屏营销,多屏内容无缝打通、全方位覆盖追踪用户,立体化的营销形式将成为广告主的主流选择。同时,随着程序化购买技术的优化完善,针对不同屏幕性质、不同视频观看场景,智能化、立体式向用户精准投放相应信息的跨屏营销方案将释放网络视频平台更大的营销价值。因此,发展有效的视频营销,不单是电脑端,移动端也是不可缺少的。

第二,网生内容数量、质量提升。网生内容就是从网络平台生产出来的内容,以及入驻在网络视频平台的用户提供的内容,包括专业用户生产内容(PGC)、普通用户生产内容(UGC)。近几年来,优酷土豆、爱奇艺、腾讯三大视频网站纷纷布局网生内容,而且成了必争之地。究其原因,就是近10年来视频网站购买网络版权的费用水涨船高,热门影视综艺网络版权费已经涨了数千倍。视频网站需通过自制内容减少支出。为了能与传统媒体竞争,网站自制内容的出品数量、题材广泛度、制作质量都得到显著提升。同时网络视频平台通过大数据分析用户偏好,以及独特的创意达到精准营销。网生内容数量质量的提高,促使更多的广告主从传统媒体转向视频网站。

第三,优质内容付费化。近几年各大主流视频平台通过开通会员付费观看热播剧和优质内容,通过收费形成的差异化传播方式现在也得到越来越多人的认可。随着用户付费习惯形成,会员付费、视频电商、付费直播等多种形式的用户端盈利模式不断完善,整个网络视频营销市场逐渐清晰。通过制作优质内容的会员制付费制度将促使视频营销更好发展。

(三)申请视频账号——以 bilibili 为例

目前是全民媒体时代,人们可以上传自己的视频,开展视频营销,而要开展视频营销就需要申请视频网站的账号。本书以年轻人潮流文化娱乐社区 bilibili 为例介绍视频账号的申请。该网站于 2009 年 6 月 26 日创建，又称"B 站"。目前，bilibili 活跃用户超过 1.5 亿，每天视频播放量超过 1 亿，弹幕总量超过 14 亿，原创投稿总数超过 1 000 万，用户平均年龄 17 岁，75% 的用户年龄在 24 岁以下。因此，如果主要以年轻人为市场的企业可以考虑在 bilibili 网站进行视频营销，只需要进行简单注册就可以上传自己的原创视频，这里以 PC 端为例。

第一步，打开 bilibili 官网（http：//www.bilibili.com），即可在页面右上角找到账户注册。

第二步，根据网站提示进行注册（图 4-2）。

图 4-2 视频账号注册

第二节 视频营销的类型

视频营销根据不同的内容有不同的类型，现在学术界也没有一个定论，因此，这里根据广告主选择的视频内容种类对视频营销进行分类。

（一）网络视频广告

网络视频广告是采用数字化技术将传统的视频广告应用于网络之中，传递广告信息内容的一种网络视频营销模式。

网络视频广告是最早的网络视频营销方式，与传统的电视广告既有相同之处，又有不同之处。网络视频广告可以说是电视广告的延伸，也就是通过广告让用户知道相关产品和品牌，具备商业性。但是，与传统的广告相比，网络视频广告由于与受众近距离接触，网络视频广告接受着网民的检验，广告的创意性更强，广告内容更短，并不能直接将电视广告生搬硬凑到网络中。根据美国网络广告和媒体策划人员的建议，网络视频广告的时长最好不超过15秒。与此同时，网络视频广告不像电视广告只能在电视上播放，它可以根据不同需要在不同载体播放，可以在电脑屏幕播放、手机屏幕播放或以超链接的方式播放，同时还能在各大视频网站播放或者企业官方网站播放，播放地点也更加随意。

（二）网络自制剧营销

网络自制剧是以网络为载体在网络平台或连接互联网终端进行播放的，网络受众为主体的电视剧。随着互联网的不断发展和网络产品的不断丰富，越来越多的视频网站开始涉足网络自制剧，网络自制剧的制作也逐渐成熟，并且现在各大互联网公司为视频网站注入大量资金，网络自制剧的制作也越来越精良，赢得了观众良好的口碑。网络自制剧在近几年发展势头良好，据中国产业发展研究网调查分析，2016年约有755部网剧上线，同比增长60.6%，增速明显放缓，但网剧总播放量则达到约892亿次，同比增长225.5%，远超2015年，网剧的影响力不断增强，也让视频营销的传播媒介扩展到网络自制剧。因此，网络自制剧营销成为视频营销的重要种类之一。

网络自制剧营销的特征主要有以下几个方面：第一，低成本。网络自制剧的发行成本比起传统的电视剧或者电影的发行、制作费用要低得多，并且发行的程序也相对简单。撇开制作的效果，网络自制剧甚至几千元就能投资。第二，低门槛。网络自制剧的制作团队可以是传媒公司、视频网站甚至是兴趣爱好者，并且在时间上没有限制，一般都是时长较短的短片，并且许多故事情节也是比较简单的，但是并不缺乏完整性，因此网络自制剧能较快投入市场。第三，题材多元化，网络自制剧的限制较少，低门槛的草根和现在的IP改编剧创作也使得题材更加丰富，爱情、校园、科幻、悬疑的题材都可以被选为创作主题。第四，互动性。网络自制剧的投放平台是网络，网络有一个非常重要的特征就是互动性。网络自制剧相比传统电视，可以在网上实现即时互动，网民可以留下评论，还可以在社交媒体上对网络自制剧进行宣传。基于以上四个特征，如果网络自制剧营销运用得好，就能为广告主带来巨大收益。

网络自制剧是从2014年正式开始掀起热潮的，其中《万万没想到》是其中一个现象级的剧，惊人的点播率，广告的投放量，都为网络自制剧营销带来良好的效果。《万万没想到》的主创人员从第一集开始，就特意设置了"赞助"环节，"韩国宇航局""大蒙古海军"等赞助商们来历不凡，配上点睛的"广告词"，笑感十足。如"韩国宇航局"的广告词"我们要去远方看看，还有什么是我们的，思密达"。这样一来，片头环节作为笑点之一就不会被无视了。而且，叫兽易小星介绍说，他们会根据当集的基调来确定广告文案。"像搓街机一样搓你的小手机"这样的广告词和《万万没想到》的风格一致，让观众看后完全没有违和感。这样就自然而然地使片头赞助鸣谢部分实现了诙谐幽默的效果，进而使得观众在观看其中真正的赞助商广告时，也会更加容易接受，更易于对赞助商产生好感。而片尾鸣谢赞助广告亦是同理，它的内容载体一般是剧目花絮，而花絮本身就拥有轻松、诙谐、幽默等特征，这使在花絮部分露出的赞助商品牌或产品 Logo 更易为观众所接受，也能达到非常好的营销效果。

（三）微电影营销

微电影是在互联网平台上传播 30~60 分钟的影片，它时长短，情节完整，制作周期短和投资少，电影内容包含了搞怪、时尚、教育等内容。自从 2016 年开始微电影逐渐转变形成新形态、新业态，在各大视屏网站付费点播。微电影适合在闲暇和移动的状态播放，适合当前人们上网的状态，因此广受欢迎。微电影营销以微电影为媒介，在微电影逐渐兴起的同时，而营销效果将更加明显，也有更多广告主想加入。

微电影营销特征主要有以下几点：第一，观看便捷。移动端上网的普及、生活的忙碌使得碎片化的上网时间是当前互联网的一大特征，等公车、乘地铁、等人过程中上网成为人们消磨时间的工具，在这短暂的时间里，观看微电影就成为人们的选择，因为微电影的播放时间短、情节紧凑，往往能让观众在短时间内感受到电影般的情节，因此微电影成为人们在闲暇之余选择的一种较为不费时的娱乐，使借用微电影营销的效果事半功倍。第二，可看性强。微电影的载体是互联网，相对于传统媒体，互联网所受的限制比较少，相对比较自由，因此有许多题材能被选择。"微"字说明电影更多地是从对生活的理解、身边的故事等以小见大的方式来叙述故事。贴近生活的电影情节，更加符合人们的情况需求，更容易引起共鸣。尽管微电影的播放时间很短，但电影结构和故事情节却与传统电影一样完整，剧情扣人心弦、场面宏大，观众同样能感受到较强的影音效果。并且现在许多互联网大企业都加入微电影，使得微电影的质量更加提升，可看性更强，微电影营销效果更好。第三，广告电影化。有些微电影的拍摄就是变相的广告，广告植入隐蔽。与传统的电影相比，微电影广告植入更加多元化，其灵活多样、诙谐幽默的方式，使人们对于广告植入接受度更高，微电影营销效果更好。第四，互动性强。微电影打破了电影制作和发行的垄断地位，使得更多普通人通过微电影抒发自己的情感，人们在看完微电影之后可以通过终端将电影进行评论、转发、分享，甚至剪辑和二次创作，让更多朋友可以观看到视频，互动性很强，营销效果更好。

微电影营销的效果显著，可以通过以下例子来了解。2012 年伊利旗下的品牌"巧乐兹"全新定位品牌，品牌主张为"喜欢你没道理"，品牌个性为"时尚、浪漫、自信"。为此伊利通过校园微电影角色选拔活动传播"喜欢你没道理校园影像季"整体活动，活动获胜选手能获得与青春偶像一起演出的机会。伊利借助这样一个将普通大众搬上主流舞台的诱惑，成功吸引了大批学生参加，在目标群体里打响了第一炮，营销效果显著。

第三节 视频营销的策略

网络视频营销属于网络营销的范围，也属于营销的范畴。菲利普·科特勒说："市场营销是个人和集体通过创造产品和价值，并同别人进行交换，以获得其所需所欲的一种管理过程。"因此，网络视频营销只有结合传播理论，制定相关的策略，才能带来更好的效果。

（一）网络视频营销整合传播策略

整合营销是一种对各种营销工具和手段的系统化结合，根据环境进行即时性的动态修正,以使交换双方在交互中实现价值增值的营销理念与方法。整合营销就是为了建立、维护和传播品牌,以及加强用户关系,而对品牌进行计划、实施和监督的一系列营销工作。整合就是把各个独立的营销工作综合成一个整体,以产生协同效应。网络视频整合营销需要将不同类型和模型的视频进行整合。

1. 视频网站整合传播

目前,中国视频网站众多,口碑较好和点击率高的网站主要是:爱奇艺、优酷网、搜狐视频等。虽然视频网站的分类大致为视频分享网站、直播类网站、视频搜索企业、PZP播放平台。但是现在视频网站的分类逐渐模糊化,因此需要将不同的视频网站资源进行整合。

2. 收看平台整合传播

根据 CNNIC(中国互联网络信息中心)发布的《2013年中国网民网络视频应用研究报告》显示,当网民寻找视频时,38.6%的人会打开用户端寻找、34.6%的人会进入视频网站寻找、21.8%的人会通过搜索引擎搜索。与2012年相比,通过搜索引擎搜索是最主要的收看渠道(35.1%),虽然人们观看视频的方式逐步向用户端倾斜,但是可以看到仍然有许多人通过搜索引擎进行搜索。因此广告主在进行视频营销的过程中也要有效利用搜索引擎,对广告的受众目标进行分析和锁定,根据不同受众定向投放广告,进行精准营销。例如,可以根据对用户平时搜索浏览行为的分析,进行精准定位,当用户通过搜索引擎打开网络视频时,即投放有针对性的视频广告。因此,除了视频网站。用户端和搜索引擎也是视频营销所不能忽略的重要方式(图4-3)。

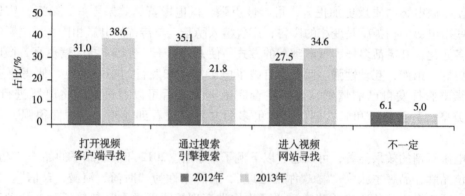

图 4-3 2013 年网络视频用户收看渠道

(二)网络视频营销创意营销策略

视频营销之所以有别于其他营销,主要是其感官效果好,除了文字之外还有声音、影像,不仅提升了用户的感官效果,并且能让观众乐于分享。正是由于网络视频能充分调动感官,可以从多个角度做创意使得营销效果更好。创意营销就是通过营销策划人员思考、总结、执行一套完整的借力发挥的营销方案。对于视频营销来说,如何通过创意调动视听是非常必要的。

1. 内容创意营销策略

在当前竞争激烈的互联网环境里,要想获得关注,需要通过创意来取胜。微电影需要用创意来设置情节,动画需要用创意来设计角色对白,而网络视频广告则需要创意来设计内容,让人对广告产生好感。因此好的内容创意会为视频的制作提供良好的基础。

2. 形式创意营销策略

视频不仅包含内容,也包含形式,因此,有了创意的内容之后,就需要创意的形式来展示,这样才能使效果更好。例如,淘宝 2016 年拍摄的介绍"buy+"购物方式的广告,就吸引了许多人的关注。该广告里面以 VR 视角清楚地介绍了"buy+"购物方式,让人对未来的这种方式倍感兴趣。VR 技术是虚拟现实技术,它利用计算机图形系统和辅助传感器,生成可交互的三维购物环境。观众通过这个视频直观地感受了 VR 技术的神奇与便利,让大家对这种全新的购物方式充满好奇。这种形式的创意让广告效果大增。

第五章

网络游戏营销

知识目标

1. 网络游戏营销的概念和特点。
2. 网络游戏营销的类型和策略。

能力目标

1. 理解网络游戏营销的价值。
2. 应用网络游戏营销。

案例导入

据调查显示,2016年中国的手游用户规模达到5.23亿,王者荣耀和阴阳师都在年度热门游戏之列。中国已经成为世界最大的游戏市场,而其中56%的用户使用手机端玩游戏。年轻一代是手机游戏的主力军,这也使得许多品牌跟随他们的步伐,通过网络游戏来进行营销。例如著名的饮料品牌——雪碧。雪碧看中大热手游《王者荣耀》的火爆,牵手《王者荣耀》做起了营销。首先雪碧花重金打造了一个二次元世界:几个年轻人在燥热难耐的酷暑,喝了一口冰汽水,突然一股神秘的陨石力量带他们穿越到了二次元的世界,变身勇者斗恶龙。其次,雪碧还和摩拜单车合作,用户在线下使用特定宝箱车就有机会抽取王者荣耀人物贴纸,集齐6个人物贴纸就可以得到摩拜单车的红包、王者荣耀皮肤和两罐雪碧。通过这两种方法,许多游戏玩家对雪碧这个品牌好感倍增,给雪碧带来了巨大关注。

第一节 网络游戏营销概述

网络游戏是一个新兴的朝阳产业,从20世纪末初形成到21世纪快速发展,我国的网络游戏产业呈现出快速发展的良好态势,游戏种类、数量、题材等实现快速增长,游戏玩家也渐渐从青少年转变为大众化的娱乐方式。因此，网络游戏结合营销将给企业带来良好的营销效果。

（一）网络游戏的定义

网络游戏是以个人电脑、平板电脑、智能手机等为载体的游戏平台。以游戏运营商服务器为处理器，以互联网为数据传输媒介，必须通过广域网网络传输方式实现多个用户同时参与游戏，以通过对游戏中人物角色或场景的操作实现娱乐、交流为目的的游戏方式。

网络游戏具有良好的互动性，它更多体现人与人之间的交流与竞争，游戏世界与现实世界相似，使得游戏真实、形象。网络游戏的玩法非常丰富，它通过不同的玩家、不同的角色组合完成游戏人物，多样化的设计使得网络游戏更加具有趣味性。网络游戏更新频繁，不断有新版本、新玩法，也让网络游戏的体验更好。基于以上特点，网络游戏的市场不断扩大，潜力巨大，并且随着互联网和计算机技术的快速发展，网络游戏市场迅速扩张。在我国网络用户持续增加，国内网络游戏企业研发能力和运营能力的不断提升的背景下，中国网络游戏市场规模呈现出持续快速增长的态势，如图 5-1 所示。

图 5-1 2011—2018 年中国网络游戏市场规模

网络游戏市场蓬勃发展，网络游戏的种类层出不穷，可以分为以下三类：第一，用户端游戏，简称端游，是需要在电脑上安装游戏用户端软件才能运行的游戏，包括角色扮演类多人在线网络用户端游戏和休闲竞技类平台用户端游戏；第二，浏览器游戏，又称网页游戏，简称页游，是基于网络浏览器玩的网络游戏，包括社交游戏、小游戏和网页游戏；第三，移动端游戏，是指在移动终端上的游戏软件，移动终端包括手机、笔记本电脑、平板电脑、车载电脑等，现在主要是指智能手机和平板电脑。

（二）中国网络游戏发展现状

根据中国音数协游戏工委（GPC）、伽马数据（CNG 中新游戏研究）、国际数据公司（IDC）发布的《2016 中国游戏产业报告》显示，2016 年中国游戏用户规模达到 5.66 亿，同比增长5.9%，增长率小幅上升（图5-2）。网络游戏作为互联网娱乐性应用的代表，因其丰富的游戏内容、代入感强、拥有社交属性等特征，已经成为广大网民日常生活不可或缺的部分。

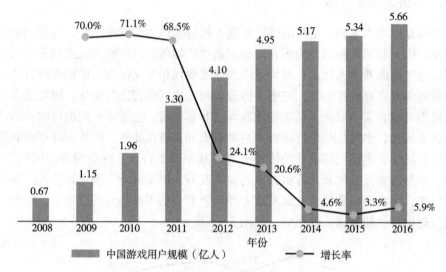

图5-2　2008—2016年中国游戏用户规模

数据来源：GPC

我国游戏市场发展势头迅猛，从《2016中国游戏产业报告》来看，我国游戏市场实际销售收入达到1 655.7亿元，同比增长17.7%（图5-3）。我国游戏产业各个细分市场发展更加明朗，用户端游戏与网页游戏市场份额同时下降，移动游戏保持较高增长，移动游戏市场占比超过用户端游戏市场高达49.5%（图5-4）。随着游戏产业的不断发展及游戏市场的销售收入不断增加，会有越来越多的企业投入这个领域，并且随着智能手机的不断普及和手机网络的不断发展，预计未来一段时间我国的网络游戏产业保持稳定发展，移动端游戏也将更好地发展。

图5-3　2008—2016年中国游戏市场实际销售收入

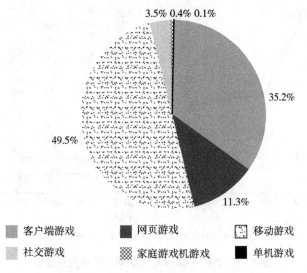

图 5-4　2016 年中国游戏收入构成

具体从网络游戏各个类型来看，2016 年用户端游戏用户数量达到 1.56 亿，同比增长 1.4%（图 5-5）。纵观前几年的数据，2016 年之所以正向增长，与电子竞技热有关，由于电子竞技游戏对硬件要求较高，用户端游戏的优势重新显现，用户数量正向增长，这一种类也一直占据中国网络游戏市场的主要位置，其发展也为其他类型的游戏奠定了基础。由于移动设备的普及率逐年上升，移动化、社交化也成了网络游戏市场的趋势，因此，近几年网页游戏的用户逐年下降（图 5-6）。而移动游戏随着移动设备的普及应用、移动网络的发展、人们的上网习惯、游戏种类不断丰富及移动游戏门槛低等原因带动移动游戏用户大幅增长，成为用户增速最快的一个细分市场。2016 年移动游戏用户数达到 5.28 亿，同比增长 15.9%（图 5-7）。

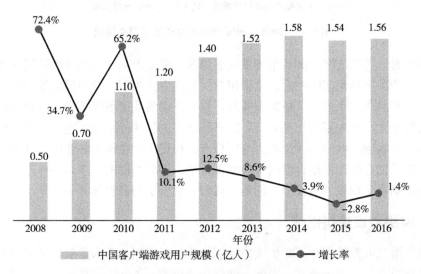

图 5-5　2008—2016 年中国用户端游戏用户规模

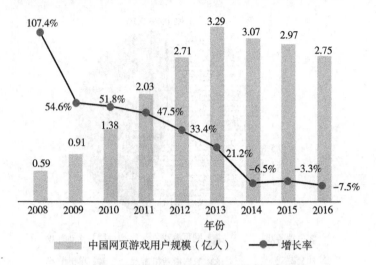

图 5-6　2008—2016 年中国网页游戏用户规模

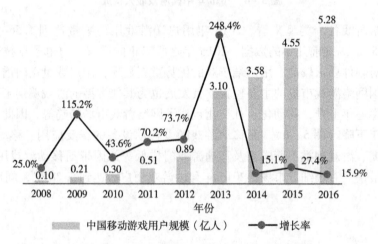

图 5-7　2008—2016 年中国移动游戏用户规模

从总体来看，我国的网络游戏市场发展态势好，但是市场在迅速发展的同时也带来一些问题：第一，产品同质化问题严重，吸引用户付费的方法相似，使中国的游戏用户投入回报率低；第二，产品供过于求，市场集中度高，我国移动游戏市场销售中，腾讯和网易占比接近七成，其他企业没有一家占比超过 5%，产品又多，使中小企业的生存空间更小；第三，游戏创意不够，我国的网络游戏影响力与国外产品相比还存在很大的差距，画面的美感及题材的选择都缺乏创意性，根据百度网游搜索排行榜，排名靠前的大多是国外产品。因此我国的网络游戏市场需全面发展从技术、创意及运营方面入手提高整体水平。

（三）网络游戏营销概述

中国网络游戏人数规模在不断扩大，特别是移动互联网的深入发展以及网络娱乐化的发展，使得网络游戏玩家数量激增。因此，网络游戏作为一种独特的载体，其营销价值引起了营销界和网游界的重视。

1. 网络游戏营销的概念

网络游戏具有互动性、多媒体的特征，而且具有虚拟现实的特性，网络游戏用户数量庞大，并且用户的忠诚度较高，因此网络游戏有很强的感染力。对于网络游戏的开发商来说，仅靠游戏内部的收费道具来获得收益远不如将其作为营销工作的收益来得多，并且收费道具给玩家设置门槛不利于用户的拓展，因此游戏开发运营商应积极开发广告和赞助，将网络游戏当作一个营销工具，为企业、游戏商和玩家带来共赢。

网络游戏营销是指商家以游戏玩家为基础，借助游戏运作、游戏内容或者游戏平台，将特定的企业或者商品信息以广告投放、赞助、合作及关联宣传为实现某个营销目标而进行的营销活动。本书介绍的网络游戏营销指的是以网络游戏为载体的营销方式。

在我国，网络游戏营销也已不是新鲜事。早在2005年，全球网饮料巨头百事可乐就将广告"百事蓝色风暴，突破梦幻国度"选择在"盛大"网站进行首播，并且与盛大网络的网游《梦幻国度》合作。同一年，可口可乐也与网游《魔兽世界》合作，达成战略伙伴关系，推出一系列宣传合作。自此，传统品牌与网络游戏的合作成为一种新的营销手段进入人们的视线。

2. 网络游戏营销的特征

网络游戏营销与传统的传播途径相比有其独特的优势。网络游戏的用户群体比较忠实，娱乐性强，有极强的互动性。因此，网络游戏营销有以下特征。

第一，互动性强。网络游戏营销不仅是信息的单向传播，与网络营销一样，网络游戏营销的信息是双向传播，既包括网站与网民的互动，又包括网民之间的互动。网络游戏营销一方面可以让玩家有真实体验，当在虚拟游戏世界里的东西出现在现实中，玩家会更加兴奋和有更大的积极性参与到营销活动中；另一方面，网络游戏营销的互动性不仅是商家和用户直接的互动，还是指商家与潜在用户的互动，借助网络的途径，网络游戏营销可以迅速传播形成病毒传播。以胜利游戏推出的《星球大战指挥官》手游为例，该手游是以电影《星球大战》作为背景的。与此同时，胜利游戏、迪士尼公司和淘宝众筹平台携手铜艺巨匠朱炳仁，推出了"黑暗武士青铜雕像众筹"活动，旨在回馈全国星战迷和游戏玩家。参与众筹的星战粉不仅可以有机会将自己的名字刻在青铜像底座上，留下自己的烙印，同时还可以获得朱炳仁淘宝店的礼券一张及《星球大战指挥官》的原力特权礼包一份。数据显示，活动发起首日，众筹金额就已经突破原先设定的目标，达到200%的支持率，而整个活动结束时参与人数已经破万。由此可见，网络游戏营销的互动性，让品牌的营销效果得到很大的提升。

第二，精准营销化。网络游戏有固定的游戏玩家群体，如年龄段、性别等。大多数广告主都需要将广告投放到不同群体进行精准营销，而网络游戏这样的特点正好帮助广告主更好地细分群体，有针对性地进行营销，达到精准营销。一般来说，网络游戏通常让人觉得主要玩家为男性，年龄偏低，但其实从一些调查数据来看，并非如此，女性玩家的比例相比男性只是稍微低一点，玩家的年龄也主要集中在20～29岁。这是因为"80后"为主要游戏资深玩家，随着年龄的增长，游戏年龄层也在逐步增大。中国互联网络信息中心的《2014—2015年中国手机游戏用户调研报告》显示，2015年男性手机游戏用户比例为86.9%，女性比例为83.2%，年龄层在20～29岁的比例为63.2%，学历主要为高中、中专、技校学生以及本科及以上学历用户（图5-8～图5-10）。因此，网络游戏的群体特征比较明显，目前大学学历和低学历学生群体为市场主力，这些玩家主要为学生群体有比较多的固定游戏时间，因此对网络游戏的忠诚度较高。广告主能根据对象的特征，在网络游戏中直接或间接地发布产品和信息，让网络游戏玩家直接体验相应产品。例如《街头篮球》与 NIKE 的合作，因为玩《街头篮球》的玩家大多数都是篮球爱好者，而玩篮球非常重要的就是球鞋。因此在游戏中加入 NIKE 道具，可以潜移默化地让玩家感受到不同性能的球鞋的作用，并且让玩家在现实中找到这些装备使得虚拟世界与现实世界相连接，增加玩家对于品牌的好感。因此这样的营销方式使得效果更加精准化。

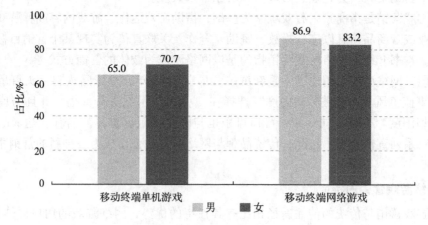

图 5-8　用户性别结构

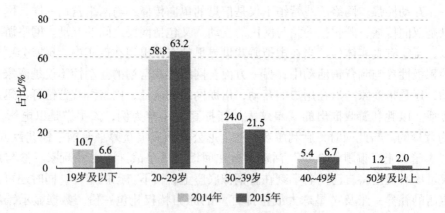

图 5-9　用户年龄结构

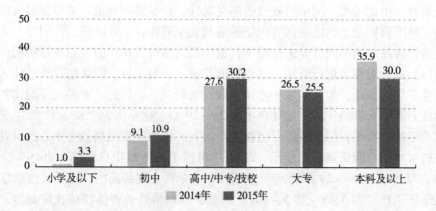

图 5-10　用户学历结构

第三，对象集中化。网络游戏的玩家相对集中，会有固定的时间玩游戏，玩家与玩家之间有固定的玩家群，他们之间是一种人际传播，也是一种组织传播，同一游戏的玩家都有相同的爱好，玩家们自发聚集论坛、贴吧等因兴趣聚集在一起的社群中，这使游戏的传播更加迅猛。而对象的集中化，对于广告主的营销来说可以带来更多的好处：一方面，对象的集中化使得广告的投放更加有针对性，并且网络游戏的地域性很强，比较集中在某些省市，因此这两个特征有助于广告主进行宣传；另一方面，网络游戏玩家在游戏中有时需要购买装备等，为了方便购买，玩家会在游戏中留下详细的信息，这也有助于企业针对玩家资料进行有针对性的营销。例如，《阴阳师》这个网络游戏，在开始的测试阶段就打入具有二次元、和风标签的游戏核心人群，之后在微博中又引入一些画师的二次创作，以及微博的大 V 推送，很快，《阴阳师》游戏在刚推出的 3 天就大获好评，官群就满人了。后期，《阴阳师》的制作团队也参加了许多漫画展，虽然都是些非常小众的群体，但是由于该游戏注重小众核心用户群体，因此很快在小的群体中分散出来，为游戏打下良好的基础。《阴阳师》的制作团队根据网络用户集中化的趋势，利用社群将该游戏很好地进行宣传，成为游戏行业的一个经典案例。用户集中化有助于企业节约宣传成本，针对性的营销策略也有助于精准营销。

第四，休闲娱乐化。网络游戏是一项休闲娱乐活动，人们在轻松的状态下比较能够接受一些信息。网络游戏中有声音、影像，广告主还可以将游戏中的情景应用到广告场景，增加玩家的体验感，玩游戏时让玩家沉浸在游戏的兴奋中，使得玩家在不知不觉中接受广告的信息，减少玩家对于广告的抵触心理。

第二节　网络游戏营销的类型

网络游戏营销集人性化、娱乐化和趣味化为一体，通过游戏体验能提升用户体验，在游戏的愉快氛围中，人们能够更好地接受广告，也让人们主动分享。网络游戏中的道具包括食品、饮料、场所、装备、服装等都具备营销的有利条件，人们通过游戏世界与现实世界的联系能更有亲切感。2003 年由盛大网络运营的《泡泡堂》一经在中国上线就引起了极大的轰动，是至今为止获得荣誉最早和最多的绿色休闲竞技网络游戏，首创 70 万人最高在线纪录。2005 年，盛大网络与食品公司共同推出"泡泡堂"糖果，一经上市就得到广泛关注。利用网络游戏营销能使营销效果事半功倍，进行网络游戏营销主要有以下几种类型。

（一）内置式网络游戏广告

内置式网络游戏广告是一种比较普遍的网络游戏营销方式。主要发生在游戏开始前、游戏中和游戏结束后，是最常见也是较易操作的一种类型，具体分为插播型、道具体验型、场景模拟型和网购营销型。

1. 插播型

插播型就是将营销活动以视频的形式出现在游戏前、游戏中和游戏后的广告类型。这就像电视剧在播放过程中的插播广告，观众喜欢某个电视节目，为了观看完整的电视节目，观众愿意在电视机前守候节目的播放，而节目过程中的广告就容易进入观众的视野，经常性的播报使得观众即使是被动关注该广告也对广告内容非常熟悉了。网络游戏过程中的插播也让广告更能进入玩家的视野中。游戏玩家的忠诚度比较高，并且每天都会有固定时间玩游戏，因此在游戏的过程中如关卡与关卡之间的衔接中，插播广告能得到意想不到的效果，久而久之，人们对广告的内容就会非常熟悉。但是需要注意的是，该类广告的时间要短，不能让玩家产生抵制情绪。

2. 道具体验型

将商品与游戏结合起来，能使玩家更加有亲切感，提高商品的接受度。一般来看，网络游戏都有非常多的道具，并且游戏都有一个主题，这就使游戏玩家大多都有相同的兴趣爱好。将商品信息化为游戏当中的道具，一方面能够让玩家充分感受到商品，提高对商品的认可度；另一方面可以让玩家减少对广告的抵制，自觉加入营销过程中，增加游戏世界的真实感。这样的营销形式往往能得到用户的认可，让用户自觉进入营销活动中，使得产品成为玩家追求的装备。例如，《街头篮球》游戏与 NIKE 的合作，使 NIKE 的篮球鞋得到广大游戏玩家的认可和追捧。

3. 场景模拟型

场景模拟型是将商品或者品牌的信息内置到游戏中，使游戏在广告背景中进行的广告类型。由于许多游戏的主题都是现实世界中的比赛或者故事，所以将游戏世界与真实世界的场景保持相同，能让玩家身临其境感受游戏的真实感。例如，FIFA 国际足球游戏中的赛场边的围栏广告就出现了阿迪达斯品牌，在现实的足球赛中，围栏广告也无处不在，因此玩家在游戏过程中看到这样的场景没有觉得不舒服，反而觉得很真实、很自然，因此这样的广告得到玩家的认可。

4. 网购营销型

网购营销型是将真实的商品与电子商务直接合作实现游戏和现实的统一的广告类型。将真实的商品变成网络游戏中的一个重要道具，会让玩家们轻松接受该产品，当游戏中的产品出现在在现实中，玩家会非常关注。网购营销型就是让人们直接在游戏中的相关页面获得现实该产品的方法。例如，中国第一网络食品——绿盛 QQ 能量枣，该商品是作为《大唐风云》游戏中的游戏人物能量补充剂出现的，为了扩大该商品的营销，绿盛 QQ 能量枣可以直接在《大唐风云》游戏中的虚拟商店通过信用卡付款等方式购买，购买真实的绿盛 QQ 能量枣、牛肉干和鲜花等商品，获得了玩家的极大关注。

（二）定制式网络游戏广告

游戏的互动性和娱乐性使得人们更好投入其中获得快乐。除了内置式网络游戏广告，更加具有针对性、主动性和高度融合性的广告为定制式网络游戏广告。定制式的广告是广告主通过与游戏开放商合作，通过契合广告主信息的游戏的方式展示产品信息的营销方式，通过游戏让玩家主动感知品牌、产品和服务。定制式的成本相对较高，需要广告主承担游戏开发的费用，因此定制式的网络游戏广告需要企业具有一定的知名度和影响力，这样才能使这一营销效果发挥重要的作用。以婴幼儿玩具品牌澳贝来说，在这一品牌微信公众号刚上线时，推出了小鸡砸金蛋的游戏，通过简单的互动游戏"砸金蛋"，将产品直接植入广告中，从而赢得更多的曝光点（图 5-11）。用户进入活动页面后，点击金蛋抽奖，一旦中奖就可以领取现金券，继而跳转至微店购买使用。而未中奖用户，按照指引分享到朋友圈或分享给好友，还可以再获得一次抽奖机会。通过趣味的游戏互动，以产品为利益驱动，使用户有了乐趣的体验的同时还能获得奖品利益，而对企业来说，既达到了品牌的宣传，还能达到粉丝引流的效果。

图 5-11　小鸡砸金蛋游戏

（三）线上线下融合网络游戏广告

线上线下融合网络游戏广告是指产品或者品牌与网络游戏合作，将产品化作游戏中的道具等，达成线上线下的配合进行与游戏相关的广告活动。线上线下的融合，需要将产品和游戏很好地匹配，使得产品能够在游戏和现实中互相转化，加大玩家对产品的认可度。例如，《魔兽世界》游戏里，大街上的咖啡店招牌、城楼的告示都是广告投放的理想去处，这种潜移默化的影响，使得产品或品牌悄然传递到玩家的认识中。现实的产品或品牌也可以游戏的旗号吸引广大玩家的关注。

（四）电竞赛事赞助

网络游戏具有竞技性，由此衍生出一种体育赛事——电子竞技。电子竞技就是电子游戏比赛达到"竞技"层面的活动。电子竞技运动是利用电子设备作为运动器械进行的、人与人之间的智力对抗运动。通过运动，可以锻炼和提高参与者的思维能力、反应能力、心眼四肢协调能力和意志力，培养团队精神。电子竞技也是一种职业，和棋艺等非电子游戏比赛类似，2003 年 11 月 18 日，国家体育总局正式批准，将电子竞技列为第 99 个正式体育竞赛项。2008 年，国家体育总局将电子竞技改批为第 78 个正式体育竞赛项。

近几年电子竞技受到很大的重视。哈啤曾赞助 5 支中国战队出征规模最大、奖金最高的全球性 DOTA2 赛事——国际邀请赛；高端汽车品牌宝马跨界与王者荣耀合作；雪碧千万赞助英雄联盟职业联赛和王者荣耀职业联赛；Intel 斥资百万高调赞助排名前三的中国电子竞技职业俱乐部 EDG。由此可以看出，电子竞技已经成为一个新的营销热点。从数据来看，由中国传媒大学揭晓的 2017 年最具赞助价值体育赛事 TOP100 榜单中，电子竞技运动受到热捧，多达 10 项电子竞技赛事入选榜单，这足以说明电子竞技运动备受市场认可。电子竞技之所以受到这么大的重视，主要原因有以下三点：第一，电子竞技的玩家主要是 10~35 周岁群体，这类群体有激情、爱分享，电竞项目又有不同的主题，因此通过游戏赞助等营销活动能够在玩家间建立显著的广告效应；第二，产品、赛事、社区构成了电竞生态，在这个生态内，面对基数庞大的中心化用户，电子竞技作为一条垂直的渠道可以精准传达广告主想要传达信息，这种特质使得电子竞技从众多互联网营销渠道中脱颖而出；第三，电竞游戏内容丰富多样，环节吸引人，并且需要团队的协作。因此电竞游戏得到了很多年轻人的关注甚至许多人沉迷其中，占据了玩家更多时间的电子竞技正在迅速发展成为主流的休闲娱乐方式之一。电子竞技改变了玩家的消费观，玩家从最初的不愿意在游戏花钱到心甘情愿购买价格不菲的道具。因为有了赛事、塑造了明星，电子竞技形成文化。门票收入、明星应援、文化周边，这些内容不知不觉中令电竞用户养成了线下消费的习惯（图5-12）。

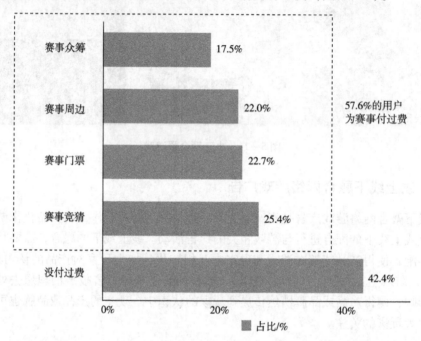

图5-12　2014年中国电子竞技用户为电竞比赛付费行为

随着电竞行业的发展，职业联赛的进步，电竞与传统体育的差距在逐渐缩小。根据《2016年中国游戏产业报告》数据显示，中国电竞用户已达1.24亿。近几年电竞用户还会持续增长。据Newzoo的报告显示，中国电竞用户在2016年突破亿人次大关，其中有6 000万人曾参与电竞相关活动的消费，在这背后潜在一个无比宽阔的市场，因此电竞比赛吸引了大量的赞助商。

（五）合作和关联宣传

由于游戏市场的竞争性不断加强，网络游戏本身只有有好的营销推广，才能获得更好的关注以及用户量。网络游戏需要营销，而网络游戏作为营销载体的价值也被不断夸大，因此可以将两者结合起来做合作和关联宣传。

关联宣传，是指网络游戏与其他产品或品牌互为媒介，共享营销和用户资源，在各自的平台上推广对方的产品，带动彼此的销量和知名度，增强彼此的市场竞争力。这也是网络游戏营销的一种发展趋势。网络游戏玩家重合度高，由于粉丝经济的存在，网络游戏用户资源转化率高，在现实世界和游戏世界的切换，会使产品或品牌能够获得更多玩家的追捧，形成热点，增强竞争力。

以2016年《魔兽世界》网络游戏与中国的麦当劳合作来看，玩家在指定时间内在全国的麦当劳门店里面购买相应套餐获得积分，所得积分可以在游戏中兑换道具，这一活动获得了玩家们的喜爱，增强了对麦当劳以及《魔兽世界》的关注，达到共赢局面，如图5-13所示。

图5-13 麦当劳魔兽世界套餐

合作和关联宣传有许多成功案例证明网络游戏具有媒介价值和用户价值。合作和关联基于双方共享销售渠道，目标消费群、媒介宣传等资源，达到共赢。游戏的优势是精确的用户定位、较高的忠诚度以及有趣的互动，作为媒介，它的特性适合于与拥有更多资源的品牌货，化虚拟为现实，相互打通战略市场。

第三节 网络游戏营销的策略

网络游戏具有互动性、娱乐性及玩家忠诚度高的特征，再加上网络购物已经成为人们喜爱的购物形式，网络游戏营销获得许多商家的青睐，特别是B2C商家，许多企业都希望找到一款适合自己企业的游戏，为企业塑造良好的品牌形象，从而加深品牌在玩家心目中的形象，培育忠诚用户。要利用好网络游戏平台为自己的产品或品牌树立良好形象，需要运用好的策略来适应市场。

（一）植入策略

目前，各式各样的植入广告充斥人们的眼球。植入式网络游戏广告以网络游戏为平台，将信息传递给玩家，最终促成其购买行为。但是，网络游戏毕竟是一个让人娱乐休闲的地方，如果广告痕迹太过明显，玩家的抵触情绪增长，就无法体现广告的价值，因此需要模糊广告和游戏的界限，将广告和游戏巧妙结合，在游戏中达到广告的目的。植入广告应使广告信息由直接传达变为间接接受，使受众对广告的感受由硬性接受改变为双向互动，从而增加有效的记忆度。

（二）多元化策略

网络游戏营销多元化策略包括以下两个方面：第一，近年来随着移动互联网的兴起，游戏设备更加丰富，除了电脑，还有平板电脑、智能手机、电视等，并且玩法也更加复杂。由于网络游戏的收益逐步提高，越来越多的竞争者加入进来。特别是手机端的兴起，让传统的网络游戏市场受到排挤，手游市场竞争更加激烈。从数据来看，手机网民的比例已远远高于其他设备上网网民，同时传统电脑端游戏已趋于饱和，手机游戏等新型游戏增长较快。可以预见，未来手机游戏会保持较快增长，手机网络游戏营销有巨大的市场。因此网络游戏营销应不止局限在电脑端，而应该放眼其他终端，使得需求载体更加多元化。第二，网络游戏营销应不仅在游戏内部进行，而且需整合其他营销手段呈现多元化趋势。当前这个社会，营销策活动应该是一体化的，而不是孤立的，从广告到公关，从渠道到销售，所有营销环节都为一个目标服务，形成一个有机整体。新媒体的发展，特别是自媒体的发展，让传播门槛变低，人们一天接受的信息非常多，但也使人们对营销信息无法留下深刻的记忆，除了一些细分、个性化媒体拥有效率传播。网络游戏具有媒体属性，并且信息到达率高、互动性强、不受时空限制，因而传播效果极好。它本身是一款产品，目的是拓宽受众范围、转换用户资源、达成二次售卖。只有走多元化的发展策略，才能在今后网络游戏营销发展过程中凸显意义。

（三）创新化策略

网络游戏的群体大多数是年轻人，年轻人天生喜欢创新创意的东西，因此网络游戏的题材、内容、玩法都要充分体现年轻人的爱创新创意的要求。而网络游戏营销在网络游戏的基础上发展而来，也需要通过创新的手段来吸引这类目标用户的注意力。以最常见的内置型网络游戏广告为例，有专家提出根据不同时段或不同广告主对游戏中所植入的广告进行替换，实现更为灵活的广告投放方式，使一个具体的游戏可以实现多个品牌或产品的服务。例如，游戏角色在早晨后可能喝咖啡，午餐喝啤酒，下午茶可能为红茶，然后根据不同的品牌为不同时段的产品进行冠名，这种产品替换式广告植入方式，不仅更符合真实生活，也更符合商品自身的消费规律，能够有效提高影响的效率。

同时，随着网络游戏行业的发展，新的网络游戏营销方式不断涌现。比如目前在电商领域大火的 O2O 模式，就可以使得网络游戏营销有一个更好的平台。O2O 也就是 Online to Offline，就是让互联网变成线下交易前台，企业通过现实的营销、传播和推广，将客流引导到线下消费，实现交易。例如，玩家到了午餐时间，可以进入游戏社区中的快餐店进行在线实时点餐，游戏运营商在收到相关数据后通知快餐店进行送餐，从而实现线下实体店的销售。

（四）共赢化策略

在网络游戏做营销，最重要的就是考虑受众的接受度。因此，需要充分挖掘品牌或产品的定位和诉求，使得游戏和营销内容高度契合，只有这样才不会使玩家产生抵触心理。有研究表明，玩家出于增加游戏中的真实感和降低游戏费用的考虑，愿意在游戏中看到现实中商品的广告。但是，如果广告和游戏体验不一致，则可能产生负面情绪。因此，广告主在使用网络游戏进行营销的时候应当注意两种体验的一致性，如果投放的营销信息与游戏营造的体验情景无缝对接，就能够取得很好的效果。

（五）精准化策略

广告主不仅需要对品牌和产品进一步挖掘，而且需要对目标群体进行深入分析。玩家在网络游戏中的信息相对准确和详细，许多用户在刚注册时就完成个人的信息。广告主应该充分利用这些信息，分析游戏的用户构成，选择与企业营销目标对象高度场合的游戏，以期实现更加精准的营销。

第六章

QQ 营销

知识目标

1. 了解 QQ 营销的特点。
2. 了解 QQ 营销的策略和发展趋势。

能力目标

1. 懂得运用 QQ 营销的策略。
2. 把握 QQ 营销的发展趋势。

案例导入

QQ 自 1999 年诞生以来,已成为无数中国人日常生活中不可或缺的社交符号,陪伴了一代又一代用户。随着社交网络渠道下沉和低龄化趋势,越来越多的年轻人投身网络社群和社交平台,就如著名文化研究者尼尔·波兹曼在《娱乐至死》里说的,娱乐业和非娱乐业的分界线已变得模糊不清,"Young 一代"正在彻底地改变商业结构。正因如此,品牌方与年轻人的沟通需求日益迫切,而 QQ 庞大的年轻用户流量、强大的线上内容平台,以及自成一派的成熟 IP 体系,成为品牌和年轻人之间强有力的连接器,也成就了 QQ 引以为傲的年轻营销。

2017 年 1 月 9 日,QQ 与可口可乐达成的战略合作,正式宣布联手探索集线下"纪念版联萌礼盒"和线上互动产品"可口可乐畅爽小镇"为一身的跨界合作新玩法。从本质上来说是一次精准针对"95 后"年轻群体的品牌年轻化尝试和娱乐社交玩法探索,对双方而言都无疑是一次成功的双赢之战。一方面,基于社交场景的 QQ Family 社交型 IP 与可口可乐经典形象的碰撞火花四溅,应运而生的"纪念版联萌礼盒"针对线下渠道发行,将品牌双方虚拟的 IP 形象价值落地,礼盒呆萌逗趣的外观设计贴合时下年轻人的趣味追求,品牌经典形象的限量复刻又赋予了礼盒高端定制意义,符合年轻人对品质生活和专属感受的需求。另一方面,QQ 联合可口可乐推出的线上娱乐社交产品——"可口可乐畅爽小镇",基于手Q钱包页面之上的游戏社交平台,除去平台本身流量的反哺,其全新的游戏故事线设置、精致的画面风格、低门槛高颜值的奖品礼盒,自然吸引了一大波追逐新鲜感的年轻群体。用户还能够通过QQ钱包购买可口可乐,实现线上平台社交和线下实物销售的完美结合。

第一节 QQ营销概述

1996年夏天,以色列3位年轻人一起开发的一款即时通信软件,充分利用互联网即时交流的特点,实现了人与人的快速、直接交流。这是国际互联网上出现的第一款即时通信软件,名字叫ICQ,在非常短的时间内它就风靡全球。1997年,马化腾接触到ICQ,发现了它的魅力,同时也发现了它的局限性——英文界面及操作难度高,因此他和他的伙伴决定开发一款中文ICQ,也就是OICQ,之后改名QQ。目前QQ注册用户已超过10亿,同时在线用户数常年不低于1亿,QQ已经成为我国网民必备工具之一。因此,QQ如此大的用户群也使得QQ营销成为我国重要的营销方式。

(一) QQ营销的概念和发展现状

即时通信软件是当今社会必不可少的聊天工具。即时通信的发展跟随网络时代的发展而发展,随着Web 2.0的到来,其发展速度也日益加快。即时通信有广义和狭义之分,从广义上来说,快速传递信息、快速提供信息的媒介,都可以称为即时通信。从狭义上来说,是一种人们能在网上识别在线用户并与他们实时交换消息的技术。目前,国内的市场主要是腾讯QQ和微信。本章主要以QQ为主。QQ是网络版的人际传播和群组传播,每一个人都可以一对一或者一对多的形式进行交流和沟通,零距离完成沟通交流。根据中国互联网络信息中心发布的第40次《中国互联网络发展状况统计报告》显示,截至2017年6月,即时通信用户规模达到6.92亿,占网民总体的92.1%,其中手机即时通信用户6.68亿,占手机网民的92.3%。如此庞大的用户群,传播影响力效果惊人(图6-1)。因此,利用好QQ能给企业带来有效的营销效果。

腾讯QQ的营销方式主要是依靠广告的方式来进行传播。QQ拥有的互联网资源非同一般,它拥有广泛的用户流量,业务单元和产品线丰富,包括浏览器、社交平台、音乐播放器、视频播放器,还有网络游戏等,以及无与伦比的网民覆盖率。QQ不局限于聊天软件,而是充分利用了QQ的用户覆盖率和总量,整合旗下所有产品平台,创造出最广泛的消费群体和最精准的广告投放平台,更加符合用户个性的体验营销工具。腾讯开发的精准定向工

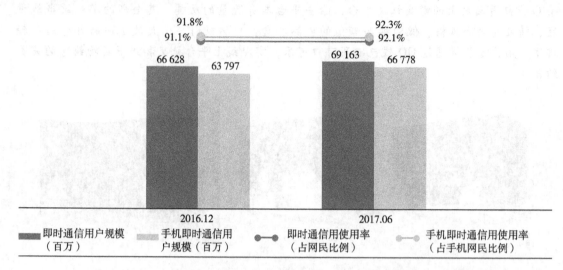

图 6-1 2016 年 12 月—2017 年 6 月即时通信、手机即时通信规模及使用率

数据来源：第 40 次中国互联网络发展状况调查

具，可以随时为广告主提供广告效果指标的受众细分报告，如点击、曝光、唯一点击等，都可以在定向广告所支持的地理、性别、年龄、场景等不同维度得到细分的统计报告。这样的整合营销运用，让 QQ 重新定义了广告营销，也带来了更好的广告投放效果。

（二）QQ 营销的特点和形式

QQ 作为一种即时通信工具，主要作用为即时的沟通和交流，因此 QQ 的营销形式是根据 QQ 的操作、界面及用户的使用习惯展开的，主要有以下几种营销方式。

第一，对话框营销方式。对话框是 QQ 用户经常使用的一个地方。它是交流的通道。因此 QQ 对用户的营销可以充分利用对话框。对话框的广告要时间短、足够醒目、内容简洁明了。人们对于对话框广告的关注时间有限，主要是一些空闲时间，如果等待时间过长，人们就会选择关闭或最小化对话框，因此，广告时间要短。对话框比较小，相对可以展示的区域较少。内容要以最吸引人、最简洁的方式展示。利用好对话框能够给广告主带来好的营销效果。下面以国际化妆品品牌迪奥为例，来讲 QQ 的营销方式。迪奥的目标用户群体为都市白领，QQ 在白领中的覆盖率为 76%，刚好与迪奥的目标群体一致，因此迪奥选择了 QQ 作为其营销平台。在人们沟通的过程中，对话框不断闪现迪奥香水的横幅广告和弹出视频，向目标用户传递品牌的内涵。

第二，弹出窗口营销方式。使用 QQ 必须做的一件事就是登录 QQ。而在登录 QQ 时，可以利用登录的短短时间，将一些重要的资讯展示给用户，如新闻热点、体育资讯、娱乐八卦、电子商务等，满足人们接受信息的需要。如迪奥在 QQ 登录时会弹出精美的 TVC 广告，画面华丽、时尚，短短的 15 秒会让目标用户留下深刻的印象。而且在广告的最后有试用装的申请链接，可以直接链接到其网站。

第三，弹出消息营销方式。消息通知是 QQ 的一项功能，也可以将其作为一种有效的营销工具来使用。可以利用其功能给用户发送广告信息，当弹出消息通知时，用户会自主打开，广告信息就会充分展示给用户。

第四，签名档营销方式。每一位 QQ 用户都会有一个区域描述自己，展示自己，如最近的心情和感悟等。这个区域是用户随心所欲表达自我的地方，它能让通信软件里的朋友了解到你的心情，方便彼此的沟通和交往。这个区域是好友比较关注的区域，因此是一个可以用来营销的区域。例如，可口可乐利用这一区域进行营销，在短时间内迅速提升了企业形象。2008 年是奥运年，可口可乐看中了 QQ 的广大用户数量，和 QQ 合作发起了"可口可乐奥运火炬在线传递"活动，用户可以通过简单的互动分享，在签名档处点亮火炬，将在线火炬传递下去，这样的活动贴合全国人民欢庆奥运会的气氛，又充分调动了用户端热情，130 天内吸引 1.35 亿人的关注，28% 的用户主动参与，7 600 万人竞相讨论，产生近 250 万讨论热帖，可口可乐在短时间内提高了声誉度和关注度。因此，只要广告创意性强，利用签名档进行营销就能获得事半功倍的效果。

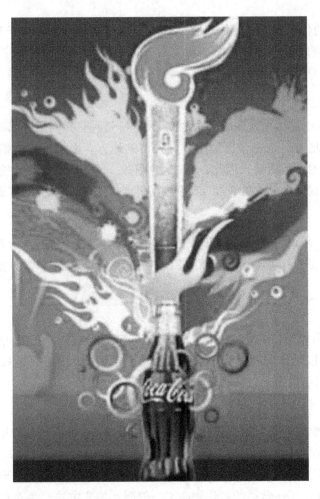

第五，QQ 群营销方式。QQ 是一个即时通信软件，人们通过准确的 QQ 号加入好友和聊天群，需要经过对方的确认才可互为好友，这是网络营销中少有的精准营销。对于企业来说，利用 QQ 不但可以培养忠诚用户，还可以让老用户介绍新用户。企业可以根据营销目标设置 QQ 群，或者根据自身需求搜索目标 QQ 群，QQ 群里的互动，既可以维护老用户，又可以发展潜在用户。但是需要注意在群里的互动不能太过刻意，一旦群里好友产生抵触心理，就容易产生负面效果。可以在群里分享一些有用的资料和咨询，在资料上打上企业的水

印或者在页眉、页脚备注企业的名称,这样的方法有助于营销。

QQ作为一个即时通信工具,主要的作用在于促进人们的沟通,因此可以利用人际传播的形式,利用口碑和庞大的用户群,增加人们对广告的接触,实现有效的营销。

(三) QQ营销的优点

QQ营销是在互联网快速发展的基础上发展起来的,网络时代的营销与以往的传统营销有很大的差别。网络营销强调建立忠诚的用户社群,通过个性化的产品和服务来培养忠诚用户,通过忠诚用户再发展潜在用户。QQ的人群高覆盖率和高使用率能使营销更具有效率,效果更好。QQ营销的优点主要有以下五点。

1. 高适用性

QQ作为即时通信软件,注册用户已过10亿,常年在线人数不少于1亿。上自五六十岁的老人,下至几岁的小孩,基本上只要有上网,QQ都是必备工具。用户覆盖率大,用户集中,在进行营销时QQ具有很大的优势。

2. 高精准度

QQ群也是QQ用户运用最多的一个地方。QQ群是具有相同爱好或者因同一个事情聚集起来的人员交流的地方,是一个已经细分好人群的地方。而精准化营销的基础就是细分人群,进行有针对性的营销活动,因此,通过QQ群这一个平台,能帮助企业减少大量的时间和精力,精准筛选找到细分人群,能实现更加精准、更加有针对性的营销活动。

3. 操作方便

QQ操作方便,用户只要通过腾讯网下载QQ,就可以在QQ上注册账号,注册了账号就可以添加好友,只要会打字、会聊天就可以轻松使用QQ,操作非常方便。这使得QQ营销推广比较简单。

4. 成本低廉

利用QQ进行营销推广,相比其他营销方法成本低廉得多。首先QQ注册是免费的,并且注册后立刻就可以操作,即使为了获得更多功能申请QQ会员,也只需要每个月支付20元即可。QQ用户的覆盖率广,使得获取用户的边际成本很低。

5. 持续性强

由于营销的首要问题是与用户建立好友关系,所以QQ可以长期与用户保持沟通,这个优势非常明显。例如投放网络广告,无法很精确地知道到底谁看了广告,用户的名字、性别和观后感,但是使用QQ则能够非常清楚地知道用户的具体情况,第一时间联系用户。同时由于持续性和精准性,QQ营销的转化率高于一般网络推广方法,为企业节省了大量的时间和精力,提升了工作效率。

(四) QQ营销的缺点

QQ营销方式虽然存在很多方面的优点,但是事物都有两面性,QQ营销也存在一些劣势。因此只有充分了解其缺点,才能更好地发挥QQ营销的优势。

1. 精准营销工作量大

正是由于 QQ 的用户量非常庞大，所以用户筛选工作量大。企业在做营销活动时一般使用 QQ 群，因为群里的人员一般兴趣爱好相似，并且一次营销的接触人群也比较多，但是许多企业都想利用 QQ 群进行营销，导致许多 QQ 群成了一个广告群，反而不能给企业带来好的营销效果。现在有许多群是收费群，是相对高质量的群，能比较好地解决该问题，因此需要通过认真筛选、突破思维框架找到高质量的 QQ 群，给企业带来更好的营销效果。

2. 官方限制

QQ 营销的火爆让许多软件公司嗅到商机，纷纷开发一些 QQ 推广软件，但是腾讯公司对外部软件有一定的限制，一旦发现有突破限制的情况，就可能会封号，这会给 QQ 营销推广带来很大阻碍。

3. 存在安全隐患

QQ 是基于互联网发展的，而互联网存在病毒袭击，QQ 也存在此类问题，这给许多用户带来了困扰。例如，QQ 用户有时会收到陌生人或者朋友发来的问候信息，其实该信息并非本人操作，是木马病毒信息。如果用户打开这些文件，就会使电脑被木马病毒侵袭，对系统造成伤害，QQ 被盗，会再次把病毒传播给其他用户。网络诈骗现象也屡见不鲜。例如，用户突然收到好友的信息，说急需资金来帮助病危的家人等，但经查实并无该情况，这是 QQ 账户被别人盗用实施的诈骗行为。因此，QQ 营销需要加强安全意识，减少木马和诈骗带来的损失。

4. 营销模式开发不够

目前，腾讯公司不止有 QQ，还有许多平台，如浏览器、游戏等，这些都是 QQ 营销的资源，只有整合多种资源，才能产生实际效果。例如，微博作为当前适合社会快节奏的交流形式，获得许多用户的喜爱，用户的黏性高，容易造成话题和社会热点。如果 QQ 群和微博结合，与用户互动，也是一种创新。除此之外，还有许多其他资源，营销模式应该不断创新改进获得更好的效果。

（五）申请 QQ 的方法

要利用腾讯 QQ 进行营销，首先需要申请 QQ 账号，而 QQ 账号申请步骤简单，可以通过腾讯 QQ 官网注册，也可以下载 QQ 用户端后注册。QQ 用户端分为 PC 端和移动端两种，本书以 PC 端为例，展示 QQ 用户端下载和 QQ 账号申请方式。

第一，打开腾讯 QQ 的官网 http：//im.qq.com，找到下载页面，选择 QQ PC 版，即可下载 PC 版 QQ 用户端，如图 6-2 所示。

第二，打开下载好的用户端，选择"注册账号"，即会自动跳至 QQ 官网的注册界面（图 6-3），只需要跟着步骤逐一填写即可注册成功（图 6-4）。

图 6-2　QQ 官网下载截图

图6-3　QQ电脑用户端登录界面截图

图6-4　QQ注册界面截图

第二节　QQ营销的策略

　　QQ庞大的用户量，显示出其在网络营销中的优势，但是目前QQ营销的过程中存在盲目性，缺乏策略和长远的规划，缺乏有效沟通解决问题。QQ营销需要进行长远的规划和策略。如果只在好友中或者QQ群里乱发广告，这种缺乏交流沟通、解决问题的方法无法为企业真正带来营销效果。因此需要对QQ营销进行规划，根据品牌或产品的特性，目标人群、目标市场的特点制定营销策略。

（一）群主引导策略

QQ 群是企业进行营销的常用工具。一般来说，QQ 群群主在群里的地位比较高，可以说是群里的精神领袖，群里活动一般都需要通过群主的确认，并且群里成员可能彼此不认识，但是都认识群主并且比较认可群主。例如，以母婴讨论群为例，群里的成员大多数为妈妈，她们为了更好地养育孩子聚集在一起，群主一般都是比较有经验的妈妈或者是育儿专家，群里成员都非常认可群主，群主发的消息会受到成员认可。因此，企业如果想进行 QQ 群的推广，就需要与群主打好交道，通过群主的关系在群里做一些引导能够有效开展营销活动。

（二）专业知识引导策略

人们为了了解更多的专业技术，通常会向专业技术的人员来学习。因此可以在群里分享专业知识或者当别人咨询相关问题时，运用专业知识为群里成员解答，这样容易在群里赢得信任，方便将内容引导到所要营销的商品或品牌上，使营销效果更好。当然这需要营销者具有相关专业技术知识。营销者只有学习相关知识，做好知识积累，才能有效引导。如果内容传播不专业，而只一味介绍相关营销内容，就会引起群用户的抵触心理。

（三）一对一营销策略

QQ 群虽然是一个很好的营销平台，但是更为有效的营销还是一对一营销。因此，可以利用 QQ 群得到的信任将群用户引导到单独营销。例如，当有用户在群里提出问题时，可以先在群里以专业知识回答相关问题，之后互加为好友，向该用户进行详细解释，逐步将其引导到相关产品或者品牌上。这样能避免别人的反感，并且能得到有效的营销。

（四）病毒式营销策略

QQ 有发送资料的功能，因此可以利用这个功能进行病毒式传播。营销者可以借助一些好的资源做成广告推广，如在一些资料上打上水印，同时将企业的品牌或者产品传播出去。资料的内存占比比较小，方便传播；资料可以永久保存并无限次进行传播。因此，一份好的资料能够让许多人转载，成为病毒式营销。

（五）掌握发布时间

随着互联网的发展特别是移动互联网的发展，人们上网时间逐步碎片化，上下班的空闲时间、等车的空隙都成为人们上网的时间。虽然许多人都是一整天挂着 QQ，但是根据作息时间来发布的信息更能引起人们的关注，同时也避免了所发信息被刷屏，减少信息的曝光率。因此，营销者要根据目标群体的作息时间来发布 QQ 信息，以便最大化抓住用户的注意力。百度统计的 2017 年 2—7 月的数据显示（图 6-5），人们的上网时间集中在三个时间段，分别是 18：00—18：59，9：00—9：59，23：00—23：59。这三个时间段应该是下班时间、早上上班时间及临睡前的时间。因此分析上网用户的生活作息，掌握好用户的时间，QQ 营销能达到事半功倍的效果。

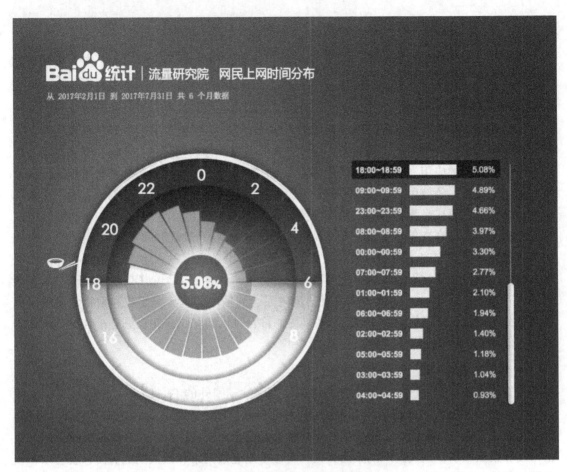

图 6-5 百度统计上网时间截图

（六）整合策略

QQ 虽然拥有庞大的用户群体，但是营销活动通常不会局限于某个单独的营销策略，因此需要与其他营销平台合作，综合使用各种营销工具和手段，达到营销效果的最大化。例如，微博可以和 QQ 一起合作，利用不同的优势进行营销。QQ 营销活动作为企业营销策略中的重要一环，需要与其他营销环节相结合，做好营销活动的线上活动，同时结合线下资源和宣传。企业根据自己的财力、物力以及不同营销渠道的特点，结合企业的特点设计合理的营销渠道结合，充分发挥每个营销渠道的特点，进而取得最佳的综合营销效果。

第三节　QQ 营销发展趋势

QQ 营销的发展势头迅猛，随着互联网的发展以及竞争对手的增多，QQ 也需要逐步转变发展方式，结合新的发展趋势整合即时通信产业，才能使 QQ 走向更好的发展阶段，也使 QQ 营销能带来更好的效果。

(一) QQ 的发展方向

垂直化、社区化的发展也成为未来即时通信软件的发展趋势,腾讯 QQ 为了更好地发展,需要在不同领域发展自己的应用。

1. 垂直化发展之路

即时通信市场的行业竞争格局非常激烈,QQ 的用户主要为大中学生等低收入人群,主要是作为聊天工具来使用的,但是现在逐步走向商务型、办公型等细分市场,并且在垂直领域也发展了自己的应用。垂直领域的优势在于专注和专业,能够提供更加符合特定人群的消费产品,满足某一领域用户的特定习惯,因此能更容易取得用户信任,从而加深对产品的印象和口碑传播,形成品牌和独特的品牌价值。而电子商务是互联网在未来发展的重要领域,借助互联网可以提高交易速度、扩大交易量。所以电子商务领域的即时通信工具成为即时通信市场的未来竞争方向。例如,国内最大的电子商务网站淘宝网,由于商品购物咨询的需求,催生了淘宝旺旺,不但降低了交易成本和交流成本,也成为类似 QQ 群营销产品信息廉价的发布渠道。因此,QQ 需要从垂直化方向入手,从精准的差异化定位和独特的品牌附加值塑造品牌价值,进而使得 QQ 营销的效果更加符合时代的发展,并且更能符合细分市场的需要,保持 QQ 营销的优势。

2. 社区化发展之路

社交网络服务即 SNS,包括社交软件和社交网站。国外的 Facebook、MySpace,国内的人人网、开心网等 SNS 网站都拥有不错的用户数量和影响力,并且也在逐步发展即时通信,开展在线聊天业务。他们除了努力提高用户黏性和使用方便度以外,也在极力地抢占即时通信市场和桌面市场,如人人网的桌面人人,可以不用登录网络和人人网的页面,就可以和校友朋友保持实时的联系。与此同时,本来专注于在线即时通信的腾讯 QQ 也开始强化旗下产品和社区交友产品的融合。即时通信用户在向 SNS 应用转化方面具有天然优势,容易跨越 SNS 发展最大的门槛——用户。即时通信与 SNS 的融合有助于运营商拓展服务领域,增强用户黏性和品牌忠诚度,维持竞争优势。社区化将是未来即时通信行业发展的必然趋势。并且这样一个平台也有助于营销活动的开展,容易形成病毒式传播。

(二) QQ 营销发展方向

腾讯 QQ 营销模式必须综合使用各种营销工具和手段,将不同营销策略和内容相整合,以达到营销效果最大化。利用 QQ 进行营销,需要整合 QQ 已有的资源,寻找自己的营销之路。

1. QQ 与 QQ 邮箱整合营销

基于腾讯 QQ 庞大的用户量,腾讯 QQ 邮箱的使用率也超高。QQ 邮箱的登录非常简单,可以直接点开 QQ 面板上的邮箱按钮进入邮箱,由此增加了用户的黏性。QQ 邮箱的方便使用,让许多用户选择使用 QQ 邮箱来进行文件的传送和收发。

现在 QQ 的应用功能越来越强大,只要将邮箱和 QQ 进行关联,当收到邮件时,QQ 就会自动弹出消息对话框显示邮箱内容简要,只要单击该对话框就可以直接进入邮箱,查看并操作邮件,而邮件内容在不人为删除的情况下可以长期保存。人性化、简便的设计,方便用户管理和使用。

因此，使用 QQ 做营销活动时可以整合邮箱，给对方的邮箱发送一些明信片、贺卡、优惠券等，让用户从多个渠道了解品牌或者产品。还有 QQ 邮箱最新推出了手机 QQ 邮箱业务，可以利用手机平台，宣传品牌信息。用户在收到邮件时，同样会接收到手机推送的消息或者彩信。

2. 微博和 QQ 的整合营销

微博即微型博客，是一种通过关注机制分析简短实时信息的广播式社交网络平台。微博是基于用户关系分享、传播及获取信息的平台。微博可以通过话题等制造热点，吸引关注量，而关注量决定营销活动的效果。腾讯 QQ 本身就具有微博性质，如用户可以通过 QQ 签名功能将信息分享到 QQ 空间和微博里，供其他好友讨论和评价。这是一个非常有营销价值的地方，如 2008 年可口可乐的在线火炬传递营销就是一个利用签名获得成功的案例。营销者可以利用 QQ 签名、QQ 微博来说明产品或品牌的信息以及优惠信息。QQ 微博、QQ 签名的营销优势在于提高覆盖率和口碑，让人们在互动的传播中接受信息，而且由于传播的主体是朋友、同事等，信息关注度会比较高，可以更有效地到达目标用户群。同时，其相对其他营销方式而言，成本更加低廉，传播也更加高效，更具投放价值。

3. 微信和 QQ 的整合营销

微信自 2011 年诞生以来用户数量和用户增长速度惊人，根据 2016 年腾讯年报显示，微信月活跃量达到 8.893 亿，正式超越 QQ 的 8.685 亿。在用户数字上，微信已经超过 QQ，现在微信的用户量非常庞大，并且是在手机上登录应用，而且是全时段登录，并且人们会经常查看朋友圈，因此朋友圈也是一个很好的营销场所。由于微信基本上都是认识的好友互相添加的，所以朋友圈是一个相对私密的场所，人们对于朋友圈里面的内容比较相信。因此除了 QQ 营销之外，可以结合微信营销。如果在 QQ 上互相添加好友，可以通过 QQ 号寻找对方的微信号，让两者结合起来，使得营销效果事半功倍。

第七章

微信营销

知识目标

1. 微信营销的概念和特征。
2. 微信营销的未来发展趋势。

能力目标

1. 了解现有微信营销方式。
2. 把握微信营销未来发展方向。
3. 了解微信营销的策略。

案例导入

全球领先的专业咖啡公司星巴克携手微信，于2012年8月28日正式推出星巴克官方微信账号，为广大微信用户和星巴克粉丝创建一种全新的人际互动和交往方式。

一直以来，星巴克致力于提供最优质的咖啡和服务，营造独特的星巴克体验，将遍布全球各地的星巴克门店打造成家和办公室之外最为宜居的生活空间。在星巴克看来，微信代表着一种生活方式，不但为人们提供丰富的聊天模式，更拉近了人和人之间的距离。2012年8月28日至9月30日，用户登录微信，通过扫描二维码，即可将"星巴克中国"加为好友。用户只需要向"星巴克中国"发送一个表情符号，星巴克将即时回复用户的心情，即刻享有星巴克"自然醒"音乐专辑，获得专为用户心情调配的曲目，感受"自然醒"的超能力，和星巴克一同点燃生活的热情和灵感。

微信与星巴克合作不仅破除了传统商业经营模式辐射面积小、用户参与度不高、受时间地点等制约的弊端，还具有轻松时尚、趣味性高、商家与用户互动性强等优势，让用户能尽享移动互联带来的轻松、惬意感受。

第一节　微信营销概述

星巴克微信营销的巨大成功,说明微信已不单是一个即时通信工具,而是一款可以利用营销获得利益的工具。2011 年,腾讯公司将微信与 QQ、手机通信录绑定,凭借 QQ 广大的用户群,迅速将微信推广开来。截至 2016 年年底,微信注册用户数量已突破 9.27 亿,微信月活跃量超越了 QQ。微信是极速发展的新媒体产品。

（一）微信营销的概念

微信是 2011 年 1 月 21 日推出的一个为智能终端提供即时通信服务的免费应用程序,支持跨通信运营商、跨操作系统平台快速发送免费语音短信、视频、图片和文字,同时,也可以使用通过共享流媒体发布的资料和基于位置的社交插件"摇一摇""漂流瓶""朋友圈""公众平台""语音记事本"等。截止到 2016 年第二季度,微信已经覆盖中国 94% 以上的智能手机,月活跃用户达到 8.06 亿,用户覆盖 200 多个国家、超过 20 种语言。

微信营销是企业或个人营销模式的一种,是伴随微信的火热而兴起的一种网络营销方式。微信不存在距离的限制,用户注册微信后,可与周围同样注册的"朋友"形成一种联系,订阅自己所需的信息,商家通过提供用户需要的信息,推广自己的产品,从而实现点对点的营销。微信营销基于移动互联网的发展,并且智能手机越来越普及,微信已经成为即时通信市场的一大霸主。微信营销的优势突出,发展空间广阔。首先,微信信息交流的互动性更加突出,虽然前些年火热的博客营销也有和粉丝的互动,但是并不及时,而微信就不一样了,微信具有很强的互动及时性,无论你在哪里,只要你带着手机,就能够很轻松地同你的未来用户进行很好的互动。其次,微信能够获取更加真实的用户群,博客的粉丝中存在太多的无关粉丝,不能真真实实地为你带来几个用户,但是微信就不一样了,微信的用户一定是真实的、私密的、有价值的,也难怪有的媒体会这样比喻,"微信 1 万个听众相当于新浪微博的 100 万粉丝",虽然有夸张成分,但却有一定的依据性。

（二）微信营销的特点

作为一种新兴的营销工具,微信营销颇受企业和个人青睐。相对于其他营销方式而言,微信营销具有如下五个特点。

1. 成本低廉

一般而言,传统的电视、报纸、广播、电话及互联网等营销方式都需要企业投入大量的资金成本,而目前微信的所有功能均为免费,企业基于微信展开的微信营销活动仅需支付流量费用,相比传统营销活动费用大幅减少。

2. 曝光率高

手机短信和电子邮件的群发越来越受到用户的抵制,容易受到屏蔽,而微信公众号是用户自主关注的,微信平台发送的信息能百分之百地到达用户。此外,与微博营销相比,微信营销的信息曝光率更高。在微博营销过程中,除少数得到高频度转发率的微博信息能收获较高曝光率之外，大部分信息极易在海量微博信息中被淹没。

3. 即时性强

基于移动互联网的发展和移动设备获取的便利性，人们越来越热衷于通过智能手机获取来自世界各地的信息。相对于个人电脑而言，智能手机不仅能实现各种功能，而且方便携带，用户可以在第一时间接收并反馈信息，这为企业进行微信营销取得良好效果奠定了基础。

4. 互动性强

从某种意义上来说，微信的出现解决了企业在管理用户关系上的难题。当用户有欲望把对产品或进店服务的体验及个人提出的建议告知企业时，企业微信公众号就能为其提供平台。只要用户一发送信息，微信客服就能即时接收，并对信息做出相应回复和解释。企业与用户通过微信能够快捷且良好地互动，有利于维护用户关系，进而提升营销效果。

5. 针对性强

微信营销属于"许可式"营销，多数企业都是先发展老用户，然后再通过老用户的口碑传播及自身宣传等方式将潜在用户加进微信公众平台。只有这些用户在主动关注某个企业微信公众平台之后，才会接收到它们的信息，而愿意对其做出关注行为的用户往往都是企业的目标人群，因此这种营销方式针对性较强。

（三）微信营销的发展

微信是可以发送文字、语音、视频和图片等功能的手机即时通信软件，自2011年面世以来获得了庞大的用户群。

微信不仅能够通过手机通讯录、QQ好友添加形成亲密的社交圈，而且微信在LBS（基于位置服务）、二维码、摇一摇、附近的人、微信公众平台等新功能出现后，更能形成一个庞大的社交网络。这增加了陌生人和熟人添加微信的可能性，也让微信营销的效果不断加强。

目前微信营销具有五种模式，分别是草根广告式——查看附近的人、品牌活动式——漂流瓶、O2O折扣式——二维码扫描、社交分享式——开放平台+朋友圈、互动营销式——微信公众平台。

（四）微信注册

要进行微信营销首先需要注册微信账号，微信主要是在手机上使用的，因此本书以下载手机版微信为例。

第一，在手机应用市场下载微信用户端，也可以在电脑登录微信官网 http：//weixin.qq.com 进行下载（图7-1）。

第七章 微信营销 63

图 7-1 微信官网下载界面截图

第二，下载了手机版微信用户端后，即可根据提示进行注册（图 7-2）。

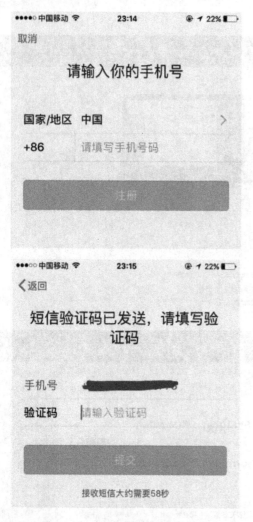

图 7-2　手机微信登录界面截图

第二节　微信营销的方式

微信为免费应用，同时具备操作简便、功能强大、用户量大的特点，自面世之日起，用户得到迅速扩张，成为我国最热门的即时通信软件。作为拥有巨大营销价值的工具，微信逐步了推出收费营销业务，帮助商家增强营销效果。根据不同的功能可以将微信营销分为以下几种方式。

（一）通过 LBS 定位功能进行营销

LBS（基于位置服务）是通过电信、移动运营商的无线电通信网络或外部定位方式获取移动终端用户的位置信息，在地理信息系统平台的支持下，为用户提供相应服务的一种增值业务。微信的 LBS 功能最初是为用户寻找添加好友，该功能应用在营销方面能够帮助找到目标用户。商家可以免费利用"附近的人""摇一摇"功能，了解商家附近的潜在用户，精准投放促销信息。位置上的便利能够吸引用户入店消费，这种方式为许多无法支付大规模广告宣传的小店家提供了有效的营销渠道。特别是通过"摇一摇"功能可以搜索到1千米以内的用户，奔驰、肯德基等商家曾通过该功能与用户进行良好的互动。

微信朋友圈是一个好友分享自己生活状态的地方，同时也是商家营销的地方。微信针对本地商户推出一项新功能——自定义打点辐射，帮助本地商家进行营销，即在门店所在城市任意选择某个地点为圆心，将广告投放到半径0.5~5千米的圆形区域微信用户中。相对于之前根据指定商圈投放的定向方式，自定义打点辐射可以帮助广告主高效笼络自定义区域内的潜在用户。这就是说，本地商家既可以根据自身店铺的营运能力，精确地将广告投放给店铺周边的潜在用户；也可以摆脱地理距离的限制，根据自身对潜在用户的了解，将广告投放到全城任意一个潜在用户众多的地点。如19tea主打鲜果茶和软欧包的烘焙饮品，其通过朋友圈广告吸引了用户的关注（图7-3）。19tea选择了多点小范围辐射投放，以店铺周围华骏花园、尚东美御等8个居民区作为锚定点，在半径1~2千米的圆形区域内进行广告投放。此外，广告还结合餐饮美食、年龄性别等精准地在目标区域内笼络喜爱美食的年轻女性。这种多点小范围辐射，避免了不必要的资源浪费，高效找到了目标用户，完美展现了店铺对周围行程的影响力。最终，广告获得了109 351次的总曝光次数，卡券领取数达1 800张，帮助新店吸引了大量客流。

图7-3　19tea朋友圈广告截图

图片来源：科浦睿互动

（二）通过扫描二维码功能进行营销

二维码又称QR Code，QR全称Quick Response，是近几年来移动设备上流行的一种编码方式，它是用某种特定的几何图形按一定规律在平面（二维方向）上分布的黑白相间的图形记录数据符号信息的。它具有信息容量大、编码范围广、容错能力强、译码可靠性高、可引入加密措施和成本低、易制作、持久耐用的优点。二维码是微信用来连接线上线下的方式。商家将自己的公众号二维码放在商店，用户通过扫描二维码成为商家会员，商家就可以对用户进行精准营销。

例如，用户到达一家餐饮店，用微信的"扫一扫"功能扫描二维码，就可以了解商店的菜单，并可随时把下单的菜品传递到服务台或厨房，不需要服务员现场点单，同时可以获得今日优惠信息，如 VIP 折扣券、代金券等，系统将自动计算应付金额。用餐完后，用户可以通过手机对菜品和服务进行评价，系统将自动积分。

（三）通过朋友圈进行营销

微信朋友圈是每一个微信用户都会关注的地方，因为微信好友会通过朋友圈展示自己的生活状态。朋友圈的关注度很高，因此可以作为营销工具使用。商家可以在朋友圈上投放广告，利用用户和朋友之间的关系传播商品信息。

朋友圈营销最主要的形式是用户通过将商家的信息分享到朋友圈来获得一定优惠。商家利用用户的朋友圈将商品或者企业的信息传递给用户亲朋好友，层层转发，以取得滚雪球式的营销效果。在微信朋友圈分享红包、集赞等方式是最经常使用的方法，随着红包和赞数的逐步增多，礼品或奖励逐步增大。例如，用户在小红书上购买了商品就可以获得商家的折扣优惠，但用户只能将折扣优惠的二维码分享至朋友圈，再由朋友扫二维码来获取。这种方式能利用用户有效将小红书的应用分享至更多的人群，吸引目标用户的到来。

现在有许多人做微商，他们利用朋友圈向好友推广产品，由于微信好友一般是互相认识的，所以这样的营销效果比较好。但是也要看到现在许多人的朋友圈里面都有很多微商，微商的朋友圈往往会被屏蔽，而这直接影响营销效果。所以在进行朋友圈营销时要先了解自己朋友圈的好友是哪一类人，哪一类人会成为自己的潜在用户，而哪一类人不是，必要时要将朋友圈设置分组，让对产品感兴趣的用户看到信息，没有兴趣的用户则看不到。同时要注意刷屏的数量，在有效的上网时间推广即可，避免微信好友产生抵触心理。

（四）微信公众平台营销

微信公众号是商家为了向用户展示企业形象、服务、信息而推出的，微信公众号需要用户的自主订阅，因此商家可以精准化地向用户进行营销，增强营销效果。这也使得微信公众平台成为越来越多的商家争相发展的地方。

微信公众号一般分为两种：一种是企业微信账号，另一种是非企业微信账号。企业微信账号一般的营销方式为推送营销。也就是当用户关注了该微信公众号后，该公众号就会在一定的时间推送相关内容，如文章、活动、游戏等，用户可以根据自己的需要阅读或参与。这种方式有助于与用户建立亲密且深入的互动关系，维护、提升企业的形象。例如，京东商城，经常将优惠促销信息、活动等推送在公众号中，让用户时常关注到相关内容，引起购物欲望。

例如，艺龙旅游网致力于成为酒店预订专家，它提供全球大约 30 万家酒店的预订服务。据统计，艺龙旅游网的注册会员已经超过 1 000 万，其中 86% 的会员都是 25～45 岁的中青年。这些人群的特点：拥有智能手机，他们有使用微信的习惯。因此，艺龙旅游网在微信推出公众号之后，立即将微信营销纳入企业的营销方式之中，实际产生了不错的效果。2013年 3 月，艺龙旅游网策划了一次在其微信平台上展开的营销活动。活动名称为"与小艺一站到底"，内容为答题赢大奖，规则如下：艺龙 3 月 5—8 日每天在微信平台上发布 15 个题目，

3月11日晚上12点前用户每天都有一次作答机会。当点击"开始"后，用户立即对题目进行作答，作答过程中只需回复正确答案相对应数字即可，答题结束后微信平台会统计出答题的正确率与耗时，每日累积。奖励是：累计答题耗时最少且准确率最高的人将获得价值5 000元的旅游大奖，第2至第7名以及11、111、1111、11111名的人都可以免费领取到一张婺源景区的门票。艺龙的该项活动还通过其他平台大力推广，据后来对后台真实数据的统计，每日活动参与的用户活跃互动度高达五六十万，订阅微信的用户也增加了几万，艺龙的企业形象由此得到提升。

企业公众号还有另外一种营销方式是客服式营销，即将微信与用户服务系统相结合，满足用户在售前、售后、售中的服务，将微信打造成客服平台。比如，滴滴出行服务号，可以在公众号中找到客服，用户可以就其疑问联系在线客服解答，如图7-4所示。

图7-4 滴滴出行服务号截图

目前，这两种形式的微信公众号都得到用户的欢迎，但是服务号由于更能给用户提供价值，更受到用户青睐，因为不止于信息的推送，而且能解决用户的问题，这样提供"一站式"服务的平台能更好地做营销活动。

当然目前也有许多个人的微信公众号。有些个人通过向网友分享好用的信息、好笑的内容等大众所喜欢的内容积累粉丝量。通过设置公众号发广告盈利的，一般是自媒体账号，即把微信当作自媒体运营,发送相关内容,在赢取粉丝后发广告盈利。一般自媒体微信账号所发的内容质量较高,是某一领域某一行业的专业知识,得到该领域相关人员的认可。例如"罗辑思维"是资深媒体人罗振宇的公众号,它每天推送罗振宇的60秒音频,分享各种有趣的内容,丰富用户的知识面。这个公众号的受众主要是读书时间少而想读好书、多读书的细分人群,在短时间内向他们提供一些好书以及一些好的观点的文章,迎合了其需求。在积累一定粉丝量后,该公众号也适时推出一些推广信息。

(五)"漂流瓶"式营销

微信用户一天有扔20次"漂流瓶"的机会。用户可以在把文字或语音进行编辑之后,把"漂流瓶"扔向"大海"。微信"漂流瓶"为不同地方的陌生人提供了交流机会。

微信官方可以对"漂流瓶"的参数进行更改,使合作商家推广的活动在某一时间段内抛出的漂流瓶数量大增,增加用户捞到的概率。招商银行利用微信"漂流瓶"提高了社会影响力和品牌知名度(图7-5)。招商银行在微信营销发起了一个"微信爱心漂流瓶"活动,所有使用微信的用户都可以应用"漂流瓶"功能捡到他们所抛出的瓶子,只要用户对这个瓶子进行相应的回复,该行便会通过"小积分,微慈善"这个平台为患有自闭症的孩子提供相应的帮助。这个活动不管是对于用户,还是对于发起活动的银行来说,都是非常有意义的。用户仅仅是动动他们的手指就可以让儿童得到了帮助,这不仅让用户献出了他们的爱心,更是让这个世界充满了温暖。招商银行通过微信营销这种方式让有某些缺陷的儿童得到了关爱,这不仅仅是企业出了一份力量,更是让广大人民看到了企业的责任心,看到了企业对于儿童的关爱。同时,这种方式拉近了银行和用户的距离,用户能够从中认识该银行,了解该银行。

图7-5 招商银行"漂流瓶"活动截图

第三节 微信营销的策略和趋势

微信可以说是拥有智能手机用户的必备软件,它有效连接了好友。因此,基于庞大用户群的微信营销有着巨大的营销价值。但是,只有微信营销的策略运用得当,才可以给企业带来好处;如果策略使用不当则有可能给企业带来负面影响。所以对于企业而言,掌握微信营销策略尤为重要。

（一）微信营销的策略

需要着重注意以下几个方面：首先，在推广过程中整合媒体资源，加强用户认知感。其次，在后期运营过程中强化服务意识，关注用户体验感。最后，突出平台价值，增加用户依赖感。

1. 整合媒体资源，加强用户认知感

成功的营销，能够为企业特定的用户群主动提供足以满足甚至超出他们需求的服务。因此，微信营销以"服务用户"为核心准则，以"用户满意"为目标。企业的微信服务可以从提升用户体验入手。为了能够让用户在关注企业微信公众平台后拥有愉快的体验感，商家可以尝试丰富信息表现形式、控制信息发送频率、完善信息反馈质量。

第一，整合线上媒体。QQ、微博、论坛都是拥有大量用户群体的平台，并且许多用户容易因为某种爱好、某种专业、某种需求聚集在一起。因此，可以利用这些平台用户群的共性进行宣传推广。如可以在比较有影响力的高质量的 QQ 群里宣传企业或产品，将企业的 Logo、海报、微信公众号二维码以图片或文字的形式在 QQ 群里宣传，分享标有企业 Logo、二维码的有用资料，或者在 QQ 群里解答群成员疑惑，积极与目标群体交流，让群用户提高对企业或产品的好感度。还可以让微博大 V 为企业进行代言，提高大 V 粉丝对企业的认可度，增强产品影响力，这是最直接的宣传方式。也可以通过与大 V 的微博信息交流来进行宣传，企业将 Logo 作为自己的头像，昵称为企业名字，企业与大 V 的交流越多，就能越多次在微博中出现，从而达到推广宣传的效果。除却上面两种，还有一种有效的宣传推广方式，就是与相关行业协会进行交流。每个行业都有自己的行业协会，或者至少都有企业之间的交流平台。例如，通过积极参与行业门户网站和论坛的建设，无论是以广告的形式还是以行业信息提供者的身份出现在行业门户网站和论坛上，对企业的宣传都大有益处。因为能关注行业网站和论坛的用户几乎都是对这个行业有需求的潜在用户。

第二，整合线下媒体。扩大户外的海报、横幅、宣传单、报纸等媒体资源宣传，在醒目的位置设置微信公众号二维码，方便用户加入。特别是在线下店面开展通过扫二维码现场能打折等活动，增强企业微信公众平台的关注度，加深用户对企业的印象，吸引用户的再次消费。例如，艺龙旅行网曾与多个酒店、机场合作，以各种奖励为诱饵，鼓励用户通过"扫一扫"方式成为他们的新增订阅用户。这种方式极大地促进了艺龙旅行网粉丝数量的激增。因此，显眼位置的横幅、烈日下遮阳的海报、等车前消磨时间的报纸等，都应成为宣传的利器，越是实用的产品宣传效果越有效。

2. 强化服务意识，关注用户体验感

企业在进行微信营销之前，就应当意识到微信用户不仅仅是他们营销的对象，更是他们友好的朋友。因此需要通过优质的服务意识让用户感到受尊重，感到满意。只有这样才能提高用户体验的愉悦感，也让营销的效果更好。

第一，通过丰富的信息表现形式让用户感受到企业的用心。微信的表现形式包括文字、图片、语音、视频等，但目前企业微信向用户推送的信息往往都是图文形式，很少出现音频和视频类信息。目前，受众处于信息化时代，每天都需要接收海量的信息，不可能花很长时间去理解每条信息，他们都希望能够快速且准确地接收与反馈信息。如果使用语音或者视频播报信息，用户只需轻轻一按，即可享受收听或观看的快感，这不仅可以缩短用户解读时间,还能够减少误读概率。比如"罗辑思维"公众号的推送方式,每天在清晨6点就会收到资深媒体人罗振宇的60秒语音推送。早上6点的时间是许多上班族开始新的一天的时间,许多人在这一时间洗漱、上厕所,而这一时间正是人们碎片化的上网时间,选择在这个时间推送大大增强了用户收听的概率。60秒的音频所占用的时间较短,并且人们可以通过收听语音的内容简单明了地确认今天的主题是否符合自己的兴趣,再回复关键字收看具体的文章。"罗辑思维"每天6点的60秒音频一方面让用户保持了好奇,另一方面提高了用户的体验感。"罗辑思维"的成功,可以为许多企业所借鉴,但需要注意的是,企业确定选择利用微信公众平台向用户传播音频或者视频信息时,除考虑音频和视频的接收质量之外,还要确保受众接收信息所需耗费的流量及时间尽可能少。因为只有这样,用户才会有更加美好的视听体验。

第二,控制信息发送频率。很多企业急于让用户了解产品信息,频繁通过微信公众平台向他们发起"信息轰炸"。假设用户每天都接收到同一个企业微信所推送的营销信息,而且还是大同小异的产品促销信息或者无用的干扰信息,久而久之就会取消对企业微信公众平台的关注,并且还会对整个企业产生抵触的负面情绪。当然,这并不是说企业不要在微信公众平台上发送信息,不与用户沟通互动,因为若企业微信满足不了用户的基本信息需求,自然也会被取消关注。所以,企业利用微信发送信息应该把握好度,既不能过多,也不能过少。据调查,企业每隔两三天向用户发送一次信息最适宜。此外,企业在选择微信公众平台信息发送时间点前,应该摸清哪个时间段是粉丝活跃度最高的,并尽量在那些期间传播信息,减少被刷屏的可能性。当然,因为微信公众账号推送信息有时会遇到网络问题,信息的到达会出现一定的滞后性,所以企业也可以略提前一些时间进行信息群发。

第三,完善信息反馈质量。众所周知,信息接收的及时性及信息交流的互动性,是微信营销所具有的两大明显优势。用户可以在微信平台上畅所欲言,随时保持与企业的沟通交流。而愿意在微信平台上发送信息的用户,往往是消费过企业产品的老用户或者是对企业产品具有强烈购买欲望的潜在目标用户,这些用户对于企业发展而言至关重要。因此,在微信平台的运营过程中,企业一定要注意提高用户信息回复的质量,让用户感受到企业对他们的重视。虽然现在根据用户发送过去的信息关键字,微信公众平台在大多数情况下都能够智能化地给出自动回复,但是时常会出现答非所问及干脆没有回应的现象,这不利于拉近用户与企业的关系。其实,企业可以尝试着雇用一些员工,让他们专门负责微信平台上用户留言的回复与管理,如杜蕾斯微信公众平台专门设置8人陪聊组,以使每个用户的信息都能得到人性化的反馈。其实,用户的要求并不多,哪怕一句简单的"谢谢您""您的建议对我们很有帮助"或者"这个问题我们一定会尽快给您回复",都会让用户感觉到企业的亲近感,并提高对企业的忠诚度。这也就要求微信客服具有亲切的态度,即使是遇到多位用户在同一时间段与他交流,也能做到耐心、详细地为每一位用户提供服务。

3. 突出平台价值,增加用户依赖感

在微信营销过程中,公众平台在企业与用户之间起着桥梁的作用。要使微信营销的效果更好,需要增加用户的依赖感,让用户主动关注企业微信平台,并心甘情愿地一直待在微信公众平台上,同时积极向自己周围的亲朋好友推荐。用户对微信平台的依赖程度增强取决于平台对用户价值的高低,即通过企业微信公众平台,用户获得需求上的满足感的多少。因此,企业可从提高信息内容的实用性、添补信息内容的独特性、加强信息内容的热点性三个

方面入手,以突出微信公众平台的价值,进而增强用户对其的依赖感。

第一,提高信息内容的实用性。随着微信公众号的普及,微信用户拥有微信公众号的数量越来越多。根据2015年微信公众号关注用户行为分析,多数(60%)受访者关注了6~20个微信公众号。受访者关注的微信公众号中50%为兴趣爱好类(如运动、美容服饰、俱乐部等)和新闻资讯类(如城市新闻、名人新闻、娱乐新闻等),其次是个人服务类(18%,如信用卡账单查询账号、快递包裹查询账号等)、公众服务类(17%,如公共事业、电信、交通等)和职业相关类(14%,如用户、供应商、雇主等)。根据使用与满足理论,我们可以认为用户使用微信并关注企业微信公众平台,是基于满足自身对信息、娱乐或者其他各种内在需求。因此,为用户所选择的微信公众号,应该是对用户最有用、最有价值的公众号。因此,企业应该从信息内容上入手,让受众真切感受到其微信平台的价值,甚至对它产生依赖感。这就要求企业必须对其目标人群的特征、喜好进行准确调查分析,以全面了解他们最真实的需求,进而推送对用户最实用的信息。如艺龙旅游网会精心为用户奉送各种关于旅游的实用信息,深受用户喜爱。

第二,添补内容的独特性。当前营销手段形式越加丰富,大多数用户都对营销信息的质量要求非常严苛,希望接收到的信息能够拥有个性与创意。例如,星巴克中国在推送的信息内容中,设置"星享卡""美食""杯子"等特殊选项,供人们依据个人喜好随意选择。当用户发送不同的代码时,则会得到不一样的反馈,形式非常有趣。当然,企业推送的信息内容不仅要有独特性,更要与企业产品有较强的关联度,毕竟微信营销的最终目标还是促进产品销售以获得更多的利润。单单只顾用户喜好,传播一些与产品毫无关联的信息,的确会增强用户对企业的好感,但并不一定会激发他们消费的欲望。因此,企业除了考虑发送什么独特的信息内容能吸引用户注意力外,还需考虑如何将产品信息融入其中以及以何种独特方式将内容展现出来让用户乐于接受。

(二)微信营销的发展趋势

微信已经成为人们日常生活不可缺少的一部分,微信营销更是商家争相使用的营销方式,微信营销的发展趋势越来越好。

1. 微信全球化

2011年4月,微信以英文名We Chat正式进入国际市场;2011年10月开始支持繁体中文语言界面,增加中国香港、中国澳门、中国台湾、美国、日本五个地区的用户绑定手机号,加入英文语言界面;同年12月实现支持100个国家的短信注册,语言版本不断增加。张小龙指出,除了语言上的差异化处理和一些细节上的本地化改造,全球的微信几乎都是如出一辙。这不仅表明微信是中国第一款成功走出国门并受到全世界青睐的移动互联网产品,更表明中国企业通过微信就可以进行全球营销。利用微信的地理位置定位功能,企业可以"随时随地随心"地对处于任何国家和地区的受众进行精准定位,以及有针对性的微信营销。因此,微信的全球化发展趋势在企业品牌的国际化道路中发挥着强大的推动作用,让本土品牌走向世界成为可能。

2. 微信支付功能

微信产品助理总经理曾鸣在2013年7月的一次腾讯合作伙伴大会微信分论坛中指出,"微信5.0版确定推出支付功能,能够实现线上支付和线下支付,中国联通已经在测试充值话费业务等"。目前,微信与财付通合作实现了在线购物支付功能,这不仅使商家可以利用微信开展更为丰富的营销活动,更使用户能够体验即拍即买的快捷购物方式,进而促使商家的营销活动与用户的实际购买行为实现无缝衔接,以期达到营销效果的最大化。微信的线上支付功能,将再次改变人们的消费行为。过去人们可以足不出户直接用家用电脑在网上进行购物,从查找各种商品信息到确认订单并在线支付,以及选择送货方式整个过程均可在电脑上完成,这种新型购物方式已经让用户体验到了甜头。而现在微信已经开通线上支付功能,这无疑意味着手机将成为一种全新快捷的支付终端,人们在没有电脑的情况下也能通过智能手机轻松完成整个购物环节。

3. 企业营销环境的变化

经验表明,每次新媒体的出现,都会给企业的营销环境带来不小的变革。现在随着用户对手机的依赖以及对其他媒体的淡漠,电视媒体的影响力正在下滑,纸质媒体的地位也开始受到巨大冲击,就连传统互联网的营销成本也开始不断上扬。由于社会大众信息获取的途径越来越多,对信息质量的要求也越来越高,对传统营销方式越来越反感,所以他们更倾向于尝试利用更加快捷的手机微博、微信查找企业信息以及他人评价,以判断是否成为某个企业的用户,而不是单凭一个简短直白的电视广告或报纸广告就有效转化为产品购买者。同时,腾讯发布的《2015年微信用户行为分析报告》数据显示,25%的用户每天打开微信超过30次,其中55.2%的用户每天打开微信超过10次。微信成为近30%用户手机上网使用流量最多的应用。用户在微信上的流量为所有应用中的最高,远高于微博、购物、视频、地图、邮件等服务。

4. 通信行业进入 4G 时代

4G 是指第四代移动通信技术,它能将 3G 与 WLAN 结合为一体,并能传输高质量的视频图像。相对于 3G 而言,4G 系统的下载速度以及上传速度均翻了好几番。2013 年 12 月 4 日下午,工业和信息化部向移动、联通、电信三家电信运营商正式发布 4G 牌照,宣告我国通信行业进入 4G 时代。这意味着中国手机网民将享受到前所未有的畅快体验,视频、语音、文字、图片的在线发送与接收从此不会出现卡顿现象。而微信营销的核心手段就是利用微信公众平台向受众推送信息,信息可以选择图片、文字、语音、视频等多种形式呈现。为了激发受众获取信息的兴趣以及减少受众解读信息的时间,有些传播者会选择推送新颖的语音、视频形式信息。但是只有在网速极其流畅的前提条件下,受众才能顺利地接收这些信息,进而保证信息的高曝光率。若是网速太慢,受众不仅难以观看视频信息,也难以收听语音信息和图片信息,最终导致信息内容被受众直接忽略。因此,4G 时代的到来不仅给手机用户带来全新的网速体验,更给微信营销带来机遇。

第八章

微博营销

知识目标

1. 微博营销的概念和特征。
2. 微博营销的策略和发展趋势。

能力目标

1. 了解微博营销的策略。
2. 把握微博营销的发展趋势。

案例导入

年轻人是爱折腾的一代，但是一成不变的春节对他们而言略显乏味。所以，如何启发和帮助年轻人重塑与家人朋友之间的快乐方式，将传统春节折腾出新意，是品牌最佳的切入点。基于对年轻一代和老一辈的市场解读，百事可乐的猴年春节广告，特邀六小龄童为其注入中国文化元素，同时也将广告的本土化沟通进行到底。

随着一句"猴赛雷"，百事可乐打响了猴年营销战役的第一枪！以用户情感为纽带，请来了"80、90后"的童年偶像六小龄童拍摄微电影《把爱带回家之猴王世家》，影片一推出，便反响热烈。微电影曝光后，不少网友反映这个时代缺少猴王精神，百事中国官微迅速做出反应，在2018年1月1日与新浪微博合作共同推广"六小龄童乐猴王"话题，并荣登热门话题榜首，将微电影《把乐带回家之猴王世家》和乐猴王纪念罐活动推向高潮。随着微博话题"六小龄童节目被毙"等持续升温，百事微电影更是吸引了众多网友目光，它的热搜指数也达到了最高峰值。

第一节 微博营销概述

微博用户群是中国互联网使用的高端人群，这部分用户群虽然只占中国互联网用户群的10%，但他们是城市中对新鲜事物最敏感的人群，也是中国互联网上购买力最高的人群。

（一）微博的发展历程和现状

自2006年Twitter诞生，2007年，国内陆续开始出现微博服务商，在经过阶段性探索成长后，2010年我国迎来微博元年，四大门户网站均开设旗下微博应用，将其瞬时普及开来。从产品生命周期来看，我国微博的发展主要经过了以下阶段。

1. 第一阶段：引入期（2007—2008年）

在国外首获成功的Twitter成为国内企业纷纷效仿的对象，2007年，以叽歪、饭否、做啥、腾讯等为代表的第一批微博网站在国内市场进行试水运行。其用户群主要以极客为主，在市场方面做出了较多的探索尝试，但是受限于国家政策，转瞬成为云烟。

2. 第二阶段：成长期（2009—2012年）

2009年上半年，以嘀咕、follow5为代表的微博网站在进一步深化探索失败；8月，新浪微博开始正式上线，大获成功。随即，以各大门户网站、大型网站为主的微博服务商迅速普及开来，不断扩展市场，发展了大批用户。

3. 第三阶段：成熟期（2013年至今）

目前，微博市场内部的品牌竞争格局已经清晰，新浪微博突出重围，用户逐渐向新浪微博迁移和集中。自2013年开始，搜狐、网易、腾讯等公司对微博投入力度陆续减弱，微博市场竞争逐步减弱，市场进入洗牌期，这也促使新浪微博用户较以往略有提升。2014年，新浪微博宣布更名为微博。2015年，微博用户中，使用新浪微博的用户占69.4%，全面超越其他微博运营商，新浪微博一家独大的局面已经确立和稳固。

（二）微博营销的概念

微博（Weibo），即微型博客（MicroBlog）的简称，即博客的一种，是一种通过关注机制分享简短实时信息的广播式的社交网络平台。微博是一个基于用户关系信息分享、传播及获取的平台。用户可以通过Web、Wap等各种用户端组建个人社区，以140字（包括标点符号）的文字更新信息，并实现即时分享。微博的关注机制分为可单向、可双向两种。微博作为一种分享和交流平台，其更注重时效性和随意性。微博客更能表达出每时每刻的思想和最新动态。企业微博指的是基于微博平台，以企业或品牌身份注册等方式运营的官方微博。企业运用微博的及时性、互动性强、开放性等特点，在微博上发布与企业间接或直接的信息，实现低成本的产品推介、用户关系管理、品牌传播、危机公关以及销售促进等营销价值，通过不同功能实现对微博用户的影响。企业微博的粉丝是企业的潜在消费群体，粉丝的关注、评论和转发等行为可能会将粉丝转化为用户，并成为忠实粉丝，主动为企业做宣传。粉丝的重要性使关系影响逐渐成为微博营销的重点关注对象。

微博营销是以微博平台为基础的营销活动，它具有社会化媒体营销的共性，同时又兼具微博的独特性，如微博内容具有短小、及时性、互动性和广泛性等特点。

（三）微博营销的特点

企业的微博营销基于关系营销、内容营销、精准营销、整合营销理论的新媒体营销模式，相较于传统营销方式，具有许多传统营销所无法比拟的优势。

1. 门槛低

微博的字数限制在 140 字以内，内容短小、口语化，发布信息远比博客容易得多，同时微博内容可以利用文字、图片、视频等形式，能从多维度、多角度展示营销对象。微博的申请非常简单，可以通过邮箱和手机号码进行申请，仅需两步就可以获得自己的微博账号。企业则需在此基础上将营业执照等相关证件扫描、上传，通过审核之后就可以获得加 V 的企业微博。

2. 多媒体

基于微博的营销活动可以借助多媒体的技术手段，以文字、图片、视频等形式对企业的产品和服务进行全方位的展示与描述。微博营销的多媒体特性让潜在用户更直观地感受营销信息，从而达到更高的信息到达率和阅读率。

3. 多平台

由于微博的大用户量和移动互联网的迅猛发展，微博支持多平台登录，如电脑、手机、平板电脑等，保证方便快捷地发布信息。

4. 即时互动性

在微博上，企业可以第一时间将营销信息传递给目标用户，用户通过对营销信息的转发、评论、点赞等相关反馈内容与企业沟通，从而实现营销信息的交互。如果企业有条件，还可以针对特定的潜在用户进行个性化反馈信息，这能让用户亲身感受到来自企业的人文关怀，进而对企业品牌产生良好的品牌印象。在用户主导的时代，细心聆听用户的心声和需求，能够有效对企业产品进行营销，这种双向沟通是成功营销的前提。

5. 传播速度、见效快

微博营销离不开信息发布，微博的信息传播方式不是线性有序传播，而是无中心的开放式传播。企业在微博上发布的营销信息能够快速、及时传递给大众，而微博庞大的用户群和人际关系网络，特别是微博的大 V、名人的转发使这些营销信息转发、评论得到几何倍的增长。微博营销能够成为病毒营销的重要模式。这样的营销方式可以在短期内获得最大的收益。

（四）微博营销的理论基础

社交和媒体是微博的两大基本属性，这两大属性决定着企业利用微博做营销的运营重心。微博营销只有结合关系营销、内容营销、精准营销和整合营销才能获得良好营销效果。

1. 关系营销

关系营销是 1985 年巴巴拉·本德·杰克逊提出的，是把营销活动看成一个企业与用户、供应商、分销商、竞争者、政府机构及其他公众发生互动作用的过程，其核心是建立和发展与这些公众的良好关系。简而言之，即吸引、维持和增强用户关系。社交、媒体、渠道和平台是微博的四大属性。微博是企业和用户进行互动交流沟通的平台，微博所具有的强大互动性帮助企业有效维护用户关系，并且帮助企业进行市场调研与监控，有利于企业开展营销活动,维持用户忠诚度并挖掘新的用户。

2. 内容营销

内容营销,指的是以图片、文字、动画等介质传达有关企业的内容,以给用户信心,促进销售,就是通过合理的内容创建、发布及传播,向用户传递有价值的信息,从而实现网络营销的目的。他们所依附的载体,可以是企业的Logo、画册、网站、广告,甚至是T恤、纸杯、手提袋等,根据不同的载体,传递的介质各有不同,但是内容的核心必须是一致的。由于微博的用户量庞大,微博的信息量也非常大,因此开展微博营销首先就是要吸引注意力。新媒体时代是一个内容为王的时代,进行微博营销需要通过各种方式结合多媒体将信息传递给用户,高质量的营销内容能够有效吸引粉丝并留住粉丝。据有关报告指出,如果用户喜欢品牌故事,超过半数可能会在未来购买这个品牌的商品,企业需有效摆脱当前用户对传统营销消息较为反感的局面,在内容营销中植入情感因素帮助企业脱颖而出。所有行业都是娱乐业,如果企业不能和用户玩起来,就很可能惨遭淘汰。调查显示,平均每个人会关心四种以上的娱乐资讯,面对当今社会的巨大压力,用户会选择查看娱乐信息进行放松,因此,企业借助娱乐信息造势更容易让用户接受品牌的信息。企业的微博运营者还需要注重内容的原创性,结合粉丝互动,塑造品牌形象,并可通过微博具有的多种功能帮助企业开展丰富多彩的创意营销活动。

3. 精准营销

精准营销就是在精准定位的基础上,依托现代信息技术手段建立个性化的用户沟通服务体系,实现企业可度量的低成本扩张之路,这是有态度的网络营销理念中的核心观点之一。公司需要更精准、可衡量和高投资回报的营销沟通,需要更注重结果和行动的营销传播计划,还有越来越注重对直接销售沟通的投资。当前是一个大数据时代,利用微博进行营销活动可以通过大数据整合帮助广告主完成信息多重触达、舆情监控、口碑分析、用户沟通及用户关系积累。只要企业对自己的目标受众进行精准定位,如年龄、性别、地域、兴趣等多个方面,然后通过微博信息流精准投放广告,就可在保证用户体验的同时,有效帮助企业实现精准营销。

4. 整合营销

整合营销是一种对各种营销工具和手段的系统化结合,根据环境进行即时性的动态修正,以使交换双方在交互中实现价值增值的营销理念与方法。整合就是把各个独立营销综合成一个整体,以产生协同效应。这些独立的营销工作包括广告、直接营销、销售促进、人员推销、包装、事件、赞助和用户服务等。战略性地审视整合营销体系、行业、产品及用户,从而制定出符合企业实际情况的整合营销策略。微博拥有许多优点,因此可以作为企业开展营销活动中不可或缺的一部分,但是不能单一地只用微博作为营销的工具,需要整合与电视、报纸、微信等其他营销方法相融合才能充分发挥各自的特长,使营销效果更好。

（五）微博账号申请

要进行微博营销，首先需要注册微博账号，开通微博后才能发送信息并且关注相关人员。要微博营销可以通过认证来增强权威性，微博有多种认证方式，本书主要以企业微博营销为主，因此以下申请步骤以企业认证为例。

第一，打开微博官网：http://weibo.com/，进入微博官网后注册申请微博账号。

第二，选择要申请的账号类型，根据提示进行申请。企业进行微博营销需要提高公信力，因此需要申请企业微博来提高可信度。

第三，成功申请官方微博并激活邮箱后，就可以得到图8－2的页面。选择企业认证，再根据要求进行填写并提交申请。申请过程中把营业执照和公函作为附件，上传到系统，并付款。申请成功后，客服会进行审核，如果资料缺乏，会有专门的客服人员电话核实，审核结果由"@微博小秘书"私信通知，如图8－1所示。

图8－1　微博官网认证界面截图

第二节 微博营销的策略和误区

微博的发展受人瞩目，企业、政府、其他组织和个人都越来越重视微博的作用，但是目前许多企业利用微博进行短期的炒作或进行危机公关的临时策略，这不能利用好微博的营销功能，难以有效交流沟通、解决问题、达成营销目标。

（一）微博营销策略

在当下注意力经济时代，企业微博营销是传统营销模式的有益补充。为契合新形势，如何有效利用微博做好营销需要围绕企业总体营销策略来进行。

1. 定位策略

定位是进行微博营销的第一步。只有做好定位才能根据目标群体的特性帮助企业更好地运用微博进行营销，达到宣传企业产品、树立品牌形象、进行危机管理、发掘潜在用户的目的。可通过制造一系列的热点话题，围绕本企业的产品或品牌的特性来制定适合目标群体的营销策略。

第一，需要确定微博的定位，做好内容、话题的营销主线。微博是当前企业开展社会化营销活动常用的手段之一。平台具有极强的开放性与互动性，因此成为有利于企业发布新闻公告、开展公关活动的载体。然而，当前新媒体竞争日益激烈，尤其微信对微博的冲击最大，不少企业转移营销阵地，忽视了微博所具有的强大扩张力，放弃了微博运营，这是不正确的。与微信相比，微博是一个更加开放的平台，相比微信的私密传播，微博的曝光率更高，其传播速度更快、辐射范围更广。并且微博更加具有媒体属性，更适合企业做品牌推广、维护公共关系、维护用户关系。微信用户偏向于移动端，而微博兼顾电脑端和移动端，企业微博的电脑端是企业的微官网，更适合成为展示企业形象的平台。

微博顺应互联网潮流，从策略创意、媒介应用、技术支持、效果转化等多个角度开拓移动营销新路径，为企业找到绝佳的品牌营销解决方案提供借鉴与指导，其营销价值正随着移动热潮渐入佳境。在第三届 TMA 移动营销大奖的赛场上，微博的营销价值愈加凸显。本届 TMA 大奖设置创意类、技术类、效果类、互动体验类、内容营销类、电商营销类、媒介整合类、大数据营销类、视频直播营销类九大案例类奖项，共收到 531 件参赛案例，涵盖日化、服饰、数码、家电、汽车、食品、医药、金融等多个行业。尽管营销的形式和手法不尽相同，却不约而同选择了微博作为营销平台。相关数据显示，本届大赛内容营销类的 138 个案例中，使用微博作为营销工具的有 87 个，入围奖项的概率更是高达 63%。微博在内容营销过程中快速高效的优势，使其成为内容类广告传播的重要阵地。在话题营销推广等方面微博具有得天独厚的优势，由此可见，微博仍是企业进行社会化营销的优秀平台，如图 8-2 所示。

第二，整合营销工具，有效联动其他平台。微博是企业营销的一个重要工具，企业的微博不应是一个单独的个体，而必须和其他渠道协同合作创造更高的价值，所以更应该与企业整体的营销渠道进行配合，形成互利互补关系，达到最佳的营销效果。微博作为新兴媒体，与报纸、广播、电视等传统媒体有着一定的区别。传统媒体更具权威性，而新媒体的门槛低、互动性强，更加具有即时性，并拥有更丰富的媒体形式。《极限挑战》《奔跑吧》等热

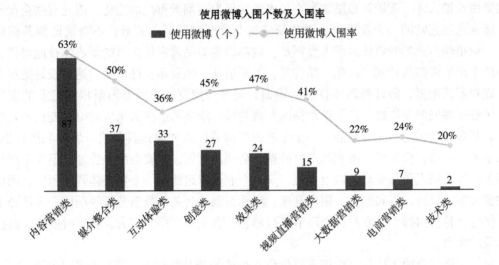

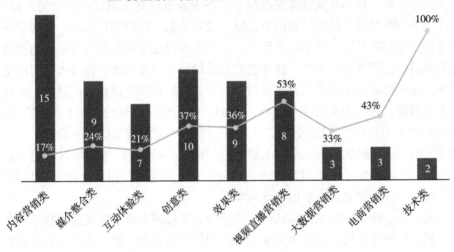

图 8-2 艾瑞网文章截图

数据来源：艾瑞网《"移呼百应"微博成 TMA 获奖品牌最大利器！！！》

门综艺节目无不在节目播放期间引导微博互动，增加节目曝光率。微博是良好的内容营销，话题营销的平台，可引起亿级讨论量，同时达到助长节目收视率的目的。把微博作为企业整合营销中的重要一环，通过微博进行多渠道建设和整合的方式可为企业营销增添巨大价值。不仅其他平台可以导流量到微博，企业的微博也可以作为导流量的工具，链接起其他平台渠道，将流量导到其他平台，如官网、微信、淘宝和其他购物平台等，切实发挥起营销矩阵的作用。

2. 管理策略

许多企业利用微博进行营销缺乏长远规划，只是作为临时策略，没有发挥微博的作用。企业需要通过合理的管理策略来发挥微博的最大效用。

第一，培养营销专业团队。微博的重视程度低，缺乏长远规划主要在于不少企业缺少相应的微博营销人才。营销领域随着数字技术的发展发生翻天覆地的变化，因此有些企业不能跟上潮流是很正常的。企业家未正视传统营销与互联网营销的差异，不重视微博营销这一块，企业招聘专业的新媒体运营人员不足，内部缺少对品牌宣传人员的新媒体技能培训，面对不断推出的微博新功能、应用、插件等，无所适从。想要运营好微博，达到较好的运营效果，就要紧跟潮流，做好新媒体技能的培训。同时微博营销员需要不断根据行业的发展趋势，了解互联网的发展趋势，了解微博的发展趋势，增强的适应力来应对瞬息变化的互联网世界。新媒体营销竞争非常激烈，一个专业的微博营销人才应该具备流量思维和用户思维，如文字水平突出，会图片、视频等素材处理，会活动策划，还要会用户管理。但并不严格要求每个微博营销人员都要具备以上才能。一个企业可以组建起一个新媒体营销团队，团队内部设置文案、设计、视频制作、用户管理、活动策划、公关、数据分析等职位。人员分工合作，优势互补。但每个人要对各个环节进行熟悉，有一定的操作能力，有审时度势、监控预警风险的能力。

第二，建立微博子账号，承担不同角色。企业的产品线很多，可以根据不同的产品线、不同的功能定位开设不同子账户，最大限度地利用企业内部资源，向受众展示不同的企业品牌形象，多账号协作，做到和受众零距离接触。不少企业没有认识到不同微博开设的意义，只单一地开一个官方微博，最终导致内容混乱、文风凌乱，造成用户混淆。但这也不意味着企业必须开很多微博账号以适应不同的受众，账号的开设必须在运营人员的能力范围内，结合公司的实际需求进行开设。另外，企业也应当鼓励员工开设微博，内部人员可以更好地传达企业形象。这也要求企业领导人有微博营销意识，鼓励员工开设认证的微博，并在微博上积极传达企业形象，打造企业的无形资产。例如，美的集团在开设"美的集团"主品牌账户下，再设了"美的空调""美的冰箱""美的冷柜""美的挂烫机官方微博""美的豆浆机"等共17个产品项微博，构成完整的微博宣传体系。企业可根据实际需求建立起公司账号、员工账号、子品牌账号、职能型账号、区域性账号等矩阵，但各个账号必须分工明确，各司其职，统一口径，建立起完整的企业形象。

第三，统一企业标识，强化品牌认同。当前企业版微博主页不断更新换代，从各方面来看，都是有利于发展进步的。微博主页也是企业的另一张脸面，所以也需从页面设计方面注意起自身形象，这将决定着用户是否会成为你的粉丝。当前企业版微博为企业实现个性化设计提供了很大的便利，可以从头像、封面图、卡片背景、焦点图等各个方面进行个性化设置。一个精美的页面设计不仅给粉丝愉悦的视觉享受，同时可以提高关注转化率。如"春秋旅游" PC端首页以标志、标准字、标准色为核心融入了企业 Logo、官网微信二维码、企业卡通形象、企业宣传口号、客服电话及近期活动信息，让浏览主页的用户迅速获取信息，同时页面布局合理，版式精美，给人较佳的视觉感官体验。然而不少企业微博运营人员却忽视了微博移动端的页面设计，当前微博移动端月活跃用户规模接近2亿，移动端流量不可小觑，但不少企业微博的移动端封面往往是系统默认封面，缺乏自身品牌调性与美感。如图8-3、图8-4所示，"可口可乐"结合产品和代言人设计了电脑用户端封面和移动端的封面，充分传达了企业理念和企业文化。

第四，关注行业媒体、意见领袖和竞争对手。微博是一个互动平台，可以与他人沟通交往增加影响力和曝光度。企业在微博上关注行业媒体微博把握行业信息，关注行业意见领袖丰富行业知识，同时可以与大V互动获得曝光量，提高知名度和美誉度。关注竞争对手，

图 8-3 "可口可乐"官方微博电脑端截图

图 8-4 "可口可乐"官方微博移动端截图

可以实时了解对手的最新消息,取其精华,去其糟粕,吸取对手的成功经验以帮助自身开展营销活动。同时关注时事热点可以获得最新热点消息,掌握最新潮流趋势,有利于紧跟热点结合自身定位制造话题营销及事件营销,成为生动有活力的官微。例如,可口可乐的昵称瓶的微博营销活动,就是通过与明星、意见领袖的充分互动提升活动热度。可口可乐在微博的定制化互动售卖"一站式"体验是为配合可口可乐前期上市的昵称瓶市场活动吸引用户持续关注而策划的符合微博特性的社会化互动活动,是集互动、定制、支付于一体的"一站式"网络体验。可口可乐定制昵称瓶在新浪微博限量抢购,仅限 7 天,活动期间微钱包共有 2 227 笔支付抢购可乐定制昵称瓶,话题"可口可乐昵称瓶"讨论数达到 74 308 条,活动期内"昵称瓶"的微博讨论量达到 492 203 条,这样高的关注度得益于可口可乐在此次活动中充分发挥了明星和意见领袖的号召力。一大波明星、意见领袖纷纷在社交网络上晒出印有自己名字的可口可乐定制昵称瓶,从而带动了各个明星粉丝和普通用户在微博上求可口可乐定制昵称瓶。

第五,充分利用微博应用,发挥功能效益。微博应用是针对企业、媒体等机构类账号可接入的专属应用,以提供专业、稳定的扩展工具与服务,实现更加多样化的展示、营销及管理功能。据统计,大多数企业都未能充分利用起微博的应用功能,认为应用不适宜手机操作,其实不然,现在微博为适应移动端发展趋势做了很大的努力,现今的应用并非微博的软肋。实际上,微博现在已经可以快速接入已有 H5 应用,充分发挥能动性,方便企业用户选择使用,有较佳的营销效果。如"中国电信自助服务"应用,用户可以在其中查询套餐余量、账单查询、积分查询,并可轻松地完成充值。"聚美优品"配合"陈欧总裁福利日"活动开发的 H5 页面应用,输入手机号码即可领取红包。

3. 内容策略

微博的内容仅限 140 字,让观点表达和信息传递加上了"短、平、快"的特征。因此在微博上,只有高质量的内容,才能够引起关注、形成话题,只有形成自己高辨识度的风格和特色才可能吸引到忠实的粉丝,在众多同类产品中脱颖而出,形成品牌效应。

首先,内容营销是基于双向沟通的,而不是企业单方面的。企业需要抓住用户的心理,制定出有针对性的营销策略。企业必须考虑用户喜欢什么,想要什么,什么能激起用户的兴趣,什么能影响用户关注品牌,从而设计出与品牌有贴近性的营销活动,吸引用户产生真实的互动,通过有内容、有意思、有深度的营销活动与用户建立起情感联系。人们虽然排斥广告,但都喜欢听故事,企业可以通过有趣、有用、有沟通或者有个性的方式将企业的理念、创意以故事的形式来表达,与用户形成情感共鸣。例如,香港戴瑞珠宝旗下的求婚钻戒品牌 Darry Ring 通过讲故事打造了从产品到情感文化,从内容创造到病毒口碑的"情感营销"模式。Darry Ring 成功创造了一整套互相呼应的情感营销模式。Darry Ring 是只有男士才可以定制,并且在购买之前需要出示身份证,一个男士一生仅能定制一枚,送给一辈子挚爱的女生(图 8-5),每一枚都有唯一的编码对应。无论你的地位如何,送出一枚之后都无法再送出第二枚。这一独特的购买方式及其中蕴含的品牌精神把握住女生对于追求一生一世爱情的心理,让许多女性以拥有一枚 Darry Ring 作为幸福的象征。这一生唯一一枚以及其象征的唯一真爱概念,是 Darry Ring 模式的核心,也正是情感消费行业一直在苦苦寻找的用户终极需求。通过微博等社交媒体渠道,用情感传播品牌文化,用合适的产品承载品牌精神,利用粉丝圈子建立品牌口碑,Darry Ring 这种利用情感与文化作为品牌核心的模式,与国内大部分以外观设计以及价格作为核心的品牌完全不同,Darry Ring 既保持了国际传统奢侈品牌的文化建设思路,又完美结合互联网粉丝的口碑效应获得了巨大的影响力。

图8-5 Darry Ring广告截图

其次,微博的语言风格要统一,紧跟潮流热点。企业在官微上的行为就像一个生动的人,通过微博的文字、图片、视频向粉丝传达着有情感的信息,其中语言具有很强的穿透力,透过文字可以展现出文字背后的人的形象与气质。所以作为一个企业官微的运营者,应该给自身定位一个拟人化形象,做一个个性让人喜欢的人,在语言风格上选择适宜形象的风格形式,最大限度地受到企业广大受众的喜爱。当然不是说一个品牌不能有多个人格,但必须是不冲突且相辅相成的。从定位的形象出发,在内容建设的过程中可从不同角度进行形象刻画。例如,故宫文化服务中心的官方微博故宫淘宝就是通过微博上诙谐幽默的语言和图片,让原本严肃、庄严、古老的故宫历史人物鲜活起来的。微博的语言符合网络特点,同时将历史人物萌化,通过创意让原本暮气沉沉的形象变成了可爱幽默的形象,引起年轻人对于历史的兴趣获得年轻人的市场,淘宝故宫微博因此成为许多年轻人的关注对象,增加了影响力和曝光度,如图8-6所示。

图8-6 故宫淘宝官方微博截图

最后，内容形式需要不断创新。微博的内容最为关键，但形式也起到重要的作用，所以微博也在不断开发不同的内容展现形式，如微博视频、头条文章、支持换行、直播、投票、字数取消140字限制等，满足了不同阶段的用户新需求，让微博变得更加生动有趣。事实上，微博已成为一个消息集散地，且有着不可撼动的地位。技术的日新月异，为数字营销带来新的创意表现形式，新技术和好内容的融合，不仅会给受众带来眼前一亮的惊喜感，也让内容营销变得更有质感，并充满体验感。借助社交媒体进行营销活动是当前的主流趋势，其所取得的效果远好于传统营销活动。作为国内第一家化妆品行业的团购类网站的聚美优品，其营销手段一直被大众所所称赞。2012年10月12日，聚美优品发布2012年新版广告，这则广告片在电视上悄然走红，2013年2月引起了网络上的追捧热潮。这则国内化妆品网上特卖平台聚美优品的CEO陈欧亲自参演的宣传片，其充满正能量的广告词受到观众的欢迎，"我是陈欧，我为自己代言"被称为"陈欧体"或"代言体"。除了广告片本身在网络上爆红，各种改编版的"高校体""城市体""行业体"等也迅速蹿红。"陈欧体"的成功营销，很大程度上提高了聚美优品的品牌知名度和影响力。聚美优品的这则广告最初是在电视上播出的，但最终走红还是借助于网络媒体的力量。微博的转发评论使"陈欧体"爆红，同时借助大V微博用户的号召力，何炅、韩庚、孙杨等各界名人都在微博上转发了该广告的视频，使得营销效果更好。随着电视播出和网络上来自各方的良好口碑与赞美推荐，聚美优品广告迅速在微博、人人网等社交网站以及天涯、百度贴吧等网络社区传播开来，如图8-7所示。同时结合线下的地铁广告，将北京地铁包柱媒体改成实物展台，引来众多乘客的驻足围观，这一新颖创意使聚美优品品牌形象不断提升。

图8-7 聚美优品广告内容

4. 互动策略

目前微博营销中常用的互动策略是有奖转发，企业经常设置一些奖励来激励用户关注官微或激励粉丝进行转发，这种方式固然可以扩大企业微博的曝光度，但是影响了精准度，很多用户是为了奖励而转发的，对企业没有忠诚度，无法为企业带来真正的效益提高。因此需要寻找更加有效的互动方式。

首先，运用工具，关注潜在用户。企业需要对粉丝进行管理，将粉丝根据性别、年龄、教育水平、职业、爱好、地域等属性进行研究管理，根据粉丝的特征及消费行为方式制定营销活动方案。首先要对自己企业的产品做好受众定位，然后做好用户行为分析，以此来制定吸引此类受众的营销战略。主动关注目标群体，以期获得被关注，提升转化率，这中间需要投入大量的人力。但随着技术的日新月异，已经有较多的第三方应用应时而生，通过这些应用工具，可以批量发送信息、定向关注潜在用户，不仅大大减少了人力投入，而且也提高了工作效率。如韩国艺匠婚纱摄影年销售额达 50 亿韩元，其中 1/3 来自微博营销，而这一成果就是依靠微博的 SCRM 完成的。微博与 Socialbakers、友盟、Admaster 等机构的深入合作，使微博能够提供用户身份、行为和兴趣等海量数据，为广告主带来清晰全面的社交用户关系管理。韩国艺匠婚纱摄影通过使用微博 SCRM 提供的用户数据锁定了微博个人信息添加过结婚标签的用户和曾发布过与结婚等相关关键词的用户，并定向投放信息流广告。此外，还可与对投放广告有过互动的用户进行后续的交流沟通，这样既有效保证了广告投放的转化率，也对广告商后续跟进提高销量有一定的促进作用。不止如此，在广告投放后企业还可以根据效果进行监控，从而调整投放的时段确保广告投放精准，效果佳。

其次，利用热门话题，增加微博曝光度。每天在微博上会发生各种各样的热门事件与话题，通过微博的持续发酵与热评，以指数级的速度快速传播。企业微博的运营者，应该关注时事热点，借助热门话题借势造势，进行事件营销，增加曝光量，提升营销效果。例如，百事可乐借助猴年春节这一契机，将大部分中国人童年的偶像六小龄童扮演的孙悟空推向营销舞台。国人大多对传统的猴王精神有强烈的认同感，并且有许多人认为当前缺乏猴王精神，百事可乐携手六小龄童推出了《把乐带回家之猴王世家》微电影，并且在新浪微博上共同推广"六小龄童乐猴王"话题并荣登热门话题榜首页（图 8-8），百事可乐彰显了企业的情怀，提高了品牌知名度和认可感。甚至有网友表示"看完分分钟想冲出去买百事可乐"，由此可见百事可乐此次营销活动大获成功。

图 8-8　百事可乐微博"六小龄童乐猴王"话题截图

最后，注重粉丝互动，重视粉丝声音。微博具有实时性和互动性，如果不有效地运用起这些特性，那么微博将成为一个冷冰冰的机器，而无法了解粉丝情感沟通需求，导致粉丝流失。有人经常把营销和促销混为一谈，但营销远非促销这么简单。现代管理学家彼得·德鲁克认为营销的目的在于充分认识及了解用户，使产品或服务能适应用户需要。互动参与度决定了营销成功与否，微博运营人员需有效借助微博平台积极回复用户，了解粉丝需求，最大力度地满足用户需求。小米就是一个成功的典型案例，根据微博发布的企业微博品牌榜，小米在微博上拥有 70 个企业认证账号和 14 个认证企业高管账号，形成强大的微博矩阵，小米利用微博这块阵地建立起了自己庞大的粉丝帝国。2010 年，小米推出了 MIUI 首个内测版，并召集了 100 个内测用户，小米将这 100 个用户称为"梦想赞助商"，正因为这批用户的测试与意见反馈才有了后续小米手机的研发与发布。为了感谢这批用户，小米将 100 位"梦想赞助商"的 ID 印在了小米手机开机页面上，后续还推出了《100 个梦想的赞助商》微电影，不忘粉丝一路以来的支持。这种尊重粉丝、重视粉丝的行为使得小米的用户忠诚度很高，提高了企业的营销效果。

5. 掌握发布时间

人们上网时间呈碎片化，这就需要企业根据自身目标消费群体的作息时间来安排微博的发布，以便最大限度地抓住用户的注意力，成功引起他们的兴趣。根据新浪微博数据中心《2015 年微博用户发展报告》的微博用户日常发微博时间习惯图来看，微博用户对微博具有较高的依赖度，早晨 5 点起，微博用户发微博达到第一峰值，随后在下午 1—2 点有小幅下滑，3 点之后微博发博量又平缓上升，晚上 7 点后再次小幅上升，在晚 10 点达到峰值后开始下滑，如图 8-9 所示。除了了解发布时间，为了让营销效果更加显著也应该了解微博的主力人群，这样才能使营销效果事倍功半，成功将企业或产品推广给目标群体，如图 8-10 所示。

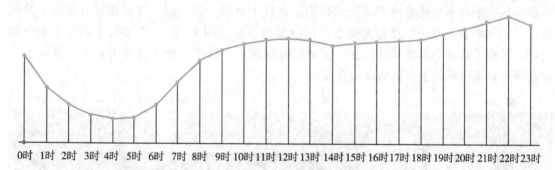

图 8-9 微博用户日常发微博时间习惯

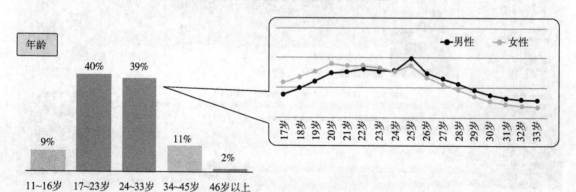

图 8-10 微博主力人群年龄段和性别分布

（二）微博营销的误区

在微博营销过程中，存在许多误区。有人认为粉丝越多越好，转发越多越成功，与传统营销步骤都不一样。其实，微博只是基于互联网基础的营销活动，与传统营销有一些实现路径上的差异，但是本质上还是一致的。企业的微博营销是一项具有长期性、连续性的市场活动，要实现预期的目标，调研、策划、定位、策略、执行、反馈、调整，这些传统营销的步骤一个也不能少。

1. 粉丝越多越好

粉丝数量是微博营销效果的基础，但是不能盲目追求粉丝数量。企业的粉丝能发挥作用的往往是消费目标群体，如果加入一些"僵尸粉"的粉丝，将达不到好的营销效果。粉丝数量是一个量化的标准，但绝对不是微博营销中最有价值的指标，正确认识微博营销的价值不仅仅停留在粉丝数，是开展企业微博营销的第一步。

2. 转发越多活动越成功

转发量是衡量微博营销的重要指标，但是转发量重要的是质，需要分清转发的对象是否为企业的目标用户和优质用户。企业需要经过仔细的调研、策划、定位来确定目标消费群以及他们的习惯和爱好，以此为基础设计微博活动，调动该人群的转发兴趣，为之后的购买做准备。微博的活跃人群大多数是在校生或者刚参加工作的人群，他们是微博营销活动中最容易调动的人群，但是该人群有一个普遍的特征——购买力有限，如果目标消费群体不是该类人群，就会使微博活动的转化率和效果不理想。

3. 微博上发布大量促销、推广信息

微博属于一个免费的营销平台，但是由于微博具有互动性，企业应该将微博打造成为一个沟通和服务的平台，做好用户关系管理，将用户意见反馈给企业，改善、提升服务水平。如果微博上只发布大量的促销和推广信息，无视用户的意见，会使得用户的关注价值降低，其信息也会被微博海量信息所覆盖。

4. 一味模仿跟风

微博上大火的语言、词语、"凡客体""陈欧体"等都是企业微博被关注的前提，这是企业的个性和独特之处，往往能引起网友的共鸣和兴趣，但是如果只是一味地跟风模仿，只会借热点，没有形成企业的个性，就会毫无存在感。

5. 过于看重即时效果

微博营销是一个漫长的过程，但是目前许多企业没有意识到这一点，将微博当作一个短期盈利工具。微博营销应该是循序渐进、潜移默化的过程，企业微博如果能够在较长时间内累积到质量和数量都很高的粉丝群体，并建立良好的关系，那么微博效果才是真的好，反之，如果只是短期的互动和粉丝则不是有效的营销效果。

第三节　微博营销在电子商务中的应用

随着微博商业化进程的加快，微博的商业价值、品牌传播价值、营销价值也水涨船高。微博为企业和品牌提供了全新的、精准的、碎片化的传播渠道，为企业和品牌特别是电子商务企业的自主品牌传播和广告营销活动的开展提供了新的契机。

（一）微博营销的优势

随着微博营销的广泛应用，微博平台是电子商务 B2C 等各类品牌的一个营销推广平台。因为对于电商来说，微博不仅是品牌传播的窗口，更是价值转化的平台。通过微博的运营，可把关系、社区、粉丝、关注转化成订单。而且随着社会化媒体的兴起，品牌宣传和营销活动越来越注重与受众的互动性和参与感，以微博为代表的社交媒体将为电子商务企业特别是 B2C 的发展带来新的机遇和平台。

1. 营销费用低

微博是免费的平台，企业在微博上发布产品信息无须任何费用。此外，传播内容的制作费用较低。微博作为受众碎片化阅读信息的工具，为了增加受众的阅读率、提升传播效果，文本限制在 140 字内，操作简单，信息发布便捷。除了企业的推广广告以外，相比传统营销方式，推广信息的花费是相对较低的。在微博上的传播针对性极强，关注企业或者产品的粉丝都是本产品的用户或者是潜在用户，有利于企业一对一实现精准营销。

2. 社会化营销的有力武器

微博具有开放性、互动性、分享性，为病毒营销、事件营销、话题营销传播等一些社会化传播形态提供了温床。企业可通过开展社会化营销活动，自发让公众转发，免费扩大营销传播的广度。加之微博舆论领袖——各类大 V 用户对信息迅速扩散的推波助澜及微博用户自身的二级传播，企业微博的品牌信息能够借助用户的转发在短时间内在微博世界中大规模扩散。微博是企业开展社会化传播的最优媒体。

3. 品牌个性塑造的有效途径

微博巧妙地融入用户生活圈，用用户的语言、语调、词汇、句式等与用户平等沟通，具有浓厚的个人色彩。借助微博的这一特性，企业可以将品牌官方微博打造成品牌拟人化的发声、交流平台，通过独特的内容、语言风格、人性化的互动沟通等方式向用户展示品牌鲜明的个性，使用户将品牌视作一个具有鲜明个性的人。企业微博的长期运营，可在目标用户心目中形成对企业的品牌、产品、服务、理念的特定认知。企业通过微博与用户保持良好的双向交流，能够改变和影响他们对品牌的固有认知，不仅有利于塑造品牌形象，也有利于培养"粉丝"对企业品牌的忠诚度。

4. 维护用户关系的绝佳平台

随着电商时代的到来，网络营销模式颠覆了传统营销模式，越来越多的企业意识到用户在营销中的重要作用。用户是企业创造价值的重要伙伴，应当重视与用户互动。微博是一个维护用户关系的绝佳平台。微博为代表的新媒体改变了企业与用户沟通的方式，营销行为由单向传播变成双向沟通。用户从中得到了尊重、自由和满足；企业从中可以实现目标用户群的个性化沟通，准确把握用户的行为特征和消费心理，亦可在双向沟通过程中监测、塑造、改善、强化用户关系。强化受众关系不仅可以了解用户对于企业及产品的看法，更深层次了解他们的需求，进而改进产品、品牌活动的设计、广告宣传、品牌形象的塑造等；同时，微博的互动形式可打破地域、人数等限制，与不同属性的受众实时沟通，聆听用户的心声，加深品牌的烙印。因此企业只要善于倾听和利用用户对品牌的真实感受和意见反馈，及时调整传播策略，用户与品牌之间的关系将会更加紧密，受众的品牌忠诚度也会更高。

（二）微博营销的展望

新浪微博与阿里巴巴达成战略合作关系，未来"电商+社交"将会成为电子商务市场特别是 B2C 市场的新常态。未来 B2C 微博营销一定是更加趋向平台和资源的整合，给企业带来巨大价值。

1. 利用社交电商关系链

我国电商市场发展主要靠流量维系。随着电商市场的同质化竞争加剧，用户对价格战的疲惫，流量为王的电商需要开辟新的发展途径。取而代之以关系为主的社交电商成为电商发展的新机会。对于电商企业来说，在利用微博进行营销时要弱化微博的商业属性，强化微博的社交属性和娱乐性，用事件驱动弱关系链社交，创造高质量的微博传播源是关键。社交商业关系链是指在微博这个大的社交关系网络中有一大批具有影响力的意见领袖和网红，他们聚集了大量的用户受众，形成了庞大的社交关系网络，在品牌传播的过程中针对不同的群体打造个性化的内容策略，通过社交关系链传播品牌的价值与营销活动，产生聚集效应。电商企业随着产品线的细分深入，在进行频繁营销的过程中也开始凸显分门别类的倾向。不同的时间段会对不同的产品进行营销。服装、母婴、日化、电子类产品都开始有了自己的"营销日"。而面对海量的用户如何用高效的手段中寻找到自己的目标用户群，并将品牌信息及时传递给受众？电商企业不得不寻找更为精准的营销方式。而意见领袖所构建的社交场能够更精准地将产品导向粉丝需求，极大地提高消费转化率。利用不同类型意见领袖的社交资产，能提高传播的有效性。

2. 建立品牌社交聚集地

微博是品牌传播的一个根据地，越来越多的人聚集在社交媒介上，即社群力量。企业要从传播走向关系建立，需要从建立微博开始，再到吸引粉丝关注微博。企业只是品牌的代理人，应通过社交媒体建立起品牌部落，倾听用户的声音，让用户讲话，鼓励社交群体自己创造并分享与品牌有关的内容，品牌即口碑。此外，企业需要利用微博建立与用户及其意见领袖的关系,通过他们建立起对品牌的信任与好感,让人人都参与到品牌传播的过程中来。因此未来的电商企业要充分注重粉丝的力量,通过在社交媒体组建自己的忠实粉丝群体,建立品牌社交聚集地,让营销活动和信息在网络上通过受众传播达到一呼百应的效果。

3. 实施品牌联合战略

碎片化传播的时代,品牌需要通过联合来互相渗透、互相合作,达到共赢局面。企业可以通过联合或者跨界合作,共享一部分品牌特点,共享一部分忠实用户群,换取更大的利益,产生新的亮点。对于电商企业来说,平台型综合电商企业,既为品牌搭建平台,也为品牌服务,因此这样的合作是一种常态。平台型电商企业的合作,可整合流量资源。例如,天猫与奥利奥饼干进行的"奥利奥缤纷填色装自己买的饼干自己造"个人定制活动,天猫与可口可乐的"双十一定制版",还有"天猫超级品牌日"天猫联合中国移动制定的"猜密码赢流量""517,我们在一起了!"这样一些品牌联合战略在微博上引起受众的广泛传播,不仅为受众带来了与线下不同的购物体验,也在个性化的定制过程中感受到天猫的新奇、好玩、新潮的品牌特色,同时带动了其他品牌的知名度和效益,实现了共赢。而对于垂直型品牌而言,如小米公司,跨界意味着和完全不同属性的品牌合作,会迸发出不一样的生命力。小米公司的微博曾经有和凡客互动,两家互联网公司虽然产品不同,但是对于产品的追求是一致的,那就是极致、简单、品质,这样的品牌合作在微博平台上发酵,吸引到了一批目标用户群。两个品牌的目标人群有着极大的重合率,两个产品不同、精神追求一致的企业,通过微博合作彰显了品牌的共同精神与张力。

第九章

网络直播营销——淘宝直播

知识目标

1. 直播营销的概念及特点。
2. 直播营销的发展趋势。

能力目标

1. 了解直播营销的盈利模式。
2. 了解直播营销存在的问题和未来发展趋势。
3. 如何在淘宝平台申请直播。

案例导入

蘑菇街构建了网红+电商的时尚生态，通过 uni 引力的资源支持，实现了网红在蘑菇街电商社区将品牌变现。其社交电商生态圈，是通过网红建立的，网红通过分享自己的生活态度和时尚见解，树立具有辨识度的个人品牌，收获粉丝的认可与追随，实现变现，塑造出蘑菇街社交电商的社区风格。

2016 年，蘑菇街尝试直播与户外广告的结合。主播敏恩、Demi 爷爷等 15 名红人主播，通过大屏幕向观众分享美妆和服饰的搭配心得，观众直接观看大屏幕或打开手机实时观看直播、互动、购买。在车流交错、人群密集的环境中，这是直播走出室内及屏幕束缚，走近线下的场景化探索。直播就这样植入人们的日常生活场景中，场景化成为未来直播营销考虑的因素之一。这种吸睛的方式非常符合目标人群爱尝鲜的口味，让年轻人跃跃欲试，也对品牌产生了一定程度的好感，塑造了时尚又接地气的品牌形象。

第一节 网络直播概念的兴起

以微博、微信为代表的新媒体出现以后，传播方式发生了极大的改变，受众由最初的单方面接收信息转变为双向沟通。这种新的传播方式的出现，拉近了人与人之间的距离，让通信变得更加方便。同时，网络直播平台的出现，更加增加了互动性。由于在网络直播平台受众可以直接向主播提问，主播即时回答，使传播者与受众相互影响、相互融合，确立了一种全新的互动式传播方式。

（一）网络直播平台的概念

网络直播平台，广义上可以分为视频直播、文字直播、语音直播。本书的研究对象主要是视频直播。网络直播平台的本质是用户生产内容（UGC），通过主播直播娱乐、商业内容，辅之弹幕系统沟通，实现和观众实时双向交流，是一种新载体上的新模式。

据艾媒咨询报告显示，目前我国市场上有 200 多家在线直播平台，观看网络直播的人数也在日益增长。而本书重点研究淘宝直播平台，这是典型的电子商务平台的直播，与其他网络直播平台相比，更加具有营销特征。

网络直播平台最早起源于 20 世纪 90 年代末的社交类视频直播间，2000 年之后，由于游戏产业的兴起引发网络直播游戏的热潮，进而促进了平台自身的发展。目前，无论是游戏、网红表演、教做饭、汽车评测、新闻发布会，几乎所有内容都可以在直播平台上找到踪影。

（二）网络直播电商的兴起

电商一直以来都有两个痛点：第一，真实性存疑。传统的静态图片，视频展示可以后期加工而缺乏真实性，不利于用户成购物决策。如买衣服、买化妆品，用户需要更全面地了解才能决定。直播电商的出现则确保你看到的视频未经"修图"，保证了它的真实性；通过主播们的讲解示范、回答问题这类互动形式，同时解决了"讲解"这个导购问题。"从模式上看，定位于消费直播的淘宝直播，与秀场类模式有根本性不同。用户看重主播是否具备某一方面专业的能力，而出位、作秀这种直播平台上容易出现的乱象本身就不是用户关注平台主播的原因。"淘宝直播负责人表示。第二，电商互动性差。消费水平升级的今天，人们已经不满足于"物美价廉"，对购物的乐趣越来越看重，购物成为一种社交行为和生活方式，在购物之后往往会聚餐、看电影。直播是即时互动的，你可以向主播提问，还可以跟看直播的人一起通过弹幕等方式交流，所以直播电商增加了一些社交属性。

对于商家来说，直播的好处是显而易见的。通过直播，召集一定数量的潜在用户一起观看讲解，等于售前服务从"一对一"到"一对多"，减轻了售前咨询的负担；直播有叫卖和促销效果，在吸引关注的同时可提高销售效率；通过聚集人气营造团购氛围可提高转化效率。淘宝直播负责人也表示，在直播平台上已经出现了大学生主播月收入轻松过万，此前漫长的店铺升级之路，现在美妆主播从零开始一个半月做到钻级店铺的现象。电商分为两大类：第一类是直营电商，境内外商品由电商自己采购；第二类是开放平台，卖家在平台上面入驻开店。目前电商直播的主要成本在带宽成本和人力成本上，而直播对开放平台电商更有优势，成本相对直营会低很多。

（三）淘宝直播的概念和申请

淘宝直播更加凸显产品信息的真实性和可接受性。淘宝直播引领了"商家边播边卖，网友边看边买"的新消费方式。用户在观看直播的过程中可以提出要求或者问题，商家可以实时回答，有助于销量的提升。

1. 淘宝直播的概念

淘宝直播是阿里推出的直播平台，定位于"消费类直播"，用户可"边看边买"，涵盖的范畴包括母婴、美妆、潮搭、美食、运动健身等。直播，改变了以往通过广告来宣传营销推广的方式，同时还创就一批"新群体"，如达人、村红、明星主播、红人店主。这批新群体聚集起自己的目标受众，形成店铺的粉丝群体。2016年4月21日，在Papi酱的拍卖活动中，有50万人通过淘宝直播平台围观了该次活动。淘宝直播自2016年3月试运营以来，观看直播内容的移动用户超过千万，主播数量超1000人，该平台每天直播场次近500场，其中超过一半的观众为"90后"，且女性观众占了绝对的主导，女性比例约为80%。每晚8点至10点是收看直播最踊跃的时段，同时也是用户最愿意下单的时间。

淘宝直播有很多成功的案例。2016年12月1日，由LIVE直播商城冠名的1212淘宝亲亲节直播节目首期开播，3个小时的直播卖掉商品2800件，平均每分钟卖出15件。2016年的"双十二"盛典直播，有了明星的加盟，LIVE直播和淘宝直播双端在线人数超百万，平均每小时在线25万人，点赞数高达7000万，上百家商家参与其中。在节目中，LIVE直播官方和各商家还给买家们准备了现金红包和各种商品福利，从1日到12日的9场直播节目，共有150万人次抢红包，价值1000万的红包及优惠券被抢光，单期在线人数在淘宝直播排行五连冠。

淘宝直播负责人对淘宝直播未来发展的规划是，希望淘宝的消费生态直播，是"社交预热，直播互动，淘宝成交"的模式，就是把主播的粉丝属性、互动属性和成交属性这三个属性都能够做出来。淘宝直播从主播形态上来说有三类：第一是草根；第二是明星主播；第三是红人店主。目前，店铺、微淘、直播广场和广告流量，都已经围绕直播内容流转起来，能够作为直播的全线资源同步进行。

淘宝直播包括利用社交来做线上导购、卖家和卖家的互动、淘宝交易完成三个环节。参与没有社会分层，参与区域非常广阔，从农村到城市，从国内到国外，都可以发挥自己的经营模式，开拓销售渠道。

2. 淘宝直播账户申请

2016年5月12日，经过两个月的试运营之后，手机淘宝直播平台"淘宝直播"正式上线。据悉，该平台定位于"消费类直播"。申请成为淘宝主播有一定的限制，具体内容如下。

第一，必须有一个绑定支付宝实名认证的淘宝账号。

第二，根据账号属性的不同，具体的要求也不同。如果为非商家个人主播，只需要满足以下两个条件中的一个即可：①微博粉丝数大于5万（含5万），且最近的7天内至少有一条微博的点赞数和评论数过百（有明显僵尸粉或转发、评论水军的情况将取消申请资格）；或者其他社交平台的粉丝数大于5万（含5万），粉丝互动率高。②淘宝达人（不含有商家身份）粉丝数大于1万（含1万），且最近7天内至少发布过一篇图文帖子。不管满足其中哪个条件，都需要主播具有较好的控场能力、口齿流利、思路清晰，与粉丝互动性强，因此需要上传一份主播出境的视频，视频大小不要超过3M。建议视频时长在5分钟左右，太短会影响审核通过率。如果是个人商家主播，要求微淘粉丝数1万以上。但因各个行业不同，对主播要求也不同,以每个行业的要求为准,因此需要商家明确自己所属的行业。

了解了申请的限制,即可着手申请淘宝直播账户。以下介绍手机淘宝账户申请过程。

第一,打开手机淘宝,在淘宝首页下拉菜单找到"淘宝直播"一栏,点击"淘宝直播"进入页面,如图9-1所示。

图9-1 手机淘宝直播界面截图(一)

第二,单击"淘宝直播"即可进入淘宝直播界面,下拉主页面就可以找到"主播招募计划"一栏,如图9-2所示。

图 9-2　手机淘宝直播界面截图（二）

第三，单击"主播招募计划"即可进入淘宝直播申请页面，如图 9-3 所示。

提示完成申请淘宝主播，待申请通过后，即可直播。

淘宝直播负责人表示，如今淘宝不再是一个销售平台，已经逐渐成长成为消费类媒体，用户在淘宝上不仅仅是购买商品，更多是在消磨时间。这就要求商家从传统的运营流量，升级为运营内容、运营粉丝。"除了互动形式以外，我们认为未来直播已经是 PGC（专业生产内容时代）伴随着观众的日益成熟，制作精良的内容渐渐会成为直播的主流。"淘宝直播负责人称。2015 年的淘宝"双 11"晚会，优酷土豆实现同步直播，同时嵌入边买边看发起"看直播抢红包"活动，实现视频与电商初次的深度结合。这些年，电商一直在努力攻克购

图9-3 手机淘宝直播界面截图（三）

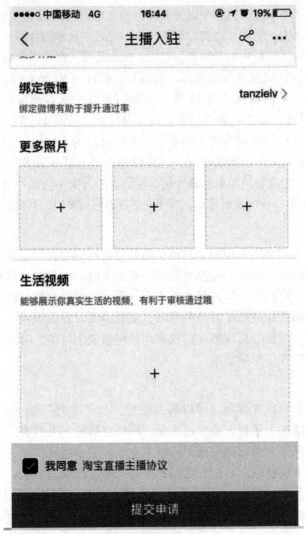

图 9-3 手机淘宝直播界面截图（三）（续）

物中出现的痛点，如上门量尺、免费试穿等成本较高，还有技术不够成熟，体验没做到位，如在线 3D 试衣间、AR 购物、VR 样板房等还有完善的空间。毋庸置疑，直播将给整个电商行业带来变革。目前看来，直播还只是电商平台一种提升购物用户体验、促进销售的营销尝试。未来直播将成为如同购物车、收藏一样的基础设施，成为电商的新标配。

第二节 电商直播营销的特点和问题

电商直播是最近发展出来的产品方向。电商平台利用自身平台和流量优势，为商家提供直播渠道，直播内容基本都是介绍和售卖折扣商品、宣传品牌，盈利模式也从刷礼物变成了卖东西，如 "517 饿货节"直播、"京东 618 生鲜节"直播、"双 11 购物狂欢节"直播，其代表为天猫直播、淘宝直播。

（一）电商网络直播营销的特点

电商网络直播营销增加了传统电商的真实性，图片和售后评价已经不能满足用户对品牌的考量，真实性和对产品本身的探知是促使网络直播+电商模式迅速发展的原因。这种产品、服务的展示形式更加立体、生动、真实，与其他的海报或产品宣传片形式相比，网络直播的形式更加简单直接，是最接近真实的一种表达方式，推动品牌从产品引导购买转向内容消费。

例如，天猫与映客达成独家战略合作，映客为天猫组织50场直播，并分享50亿天猫红包，其中比较有代表性的活动有"双11全球狂欢节最红主播等你来狂欢"，很多用户关注了"双11"活动或品牌，很多映客网红主直接化身导购，使双11节日氛围异常浓厚，带来大量流量。网络直播平台已然成为各大电商平台获取流量的入口。

网络直播活动不只是一个品牌的狂欢，还可以开启"品牌+品牌"的战略合作模式，使营销活动规模扩大化，实现营销效果的最大化。网络直播营销不仅是一种创新的营销方式，它以全新的方式颠覆着电商行业的发展形态。对于网络直播营销来说，其特点分为以下几个方面。

1. 跨时空性

网络直播拉近了人们之间的距离，从最早的贴吧论坛到博客、微博、微信，再到今天的网络直播，网络媒体带给人最大的震撼就是不断突破着时空的界限，传播速度越来越快，传播手段越来越多样化、可视化，形式越来越丰富，更能跨越时空的障碍。基于网络技术手段的飞速发展，网络直播媒介突破了时空的界限，实现了实时在线展示。尤其是无线网络技术突飞猛进的发展，使高质量、高清晰度的视频信号传播成为可能，时空适应性更强，极大地满足了用户随时随地接收信息的需求。

2. 互动性

电商网络直播用户可以发弹幕，可以转发评论，与"主播"直接沟通。这一形式能有效解决用户的疑问，增加下单量，减少退换量。网络直播的互动具有真实性、立体性，参与感被发挥到了极致。网络直播营销突破了传统大众媒介的单向式传播，实时的双向互动传播成为可能。网络直播不仅使用户与用户之间的平等沟通交流成为可能。还搭建了传播者与接收者信息的实时双向流动。文字、图片虽然也能传递信息，但是这种信息是单调的、隐藏的，相比语言更难理解。通过网络直播可以实现信息的同步，全方位展示活动场景，增强了用户的场景融入感和身临其境感，提升了用户的参与度，活跃了用户的积极性，增加了用户的冲动购物。同时，用户通过观看直播能够有效提升对品牌和产品的认知，提高对商品和商家的可信度，最终实现品牌营销目的。

3. 精准性

根据中国互联网络发展状况统计报告和新浪微博2016年直播行业洞察报告显示，2016年网络直播平台的数量超过了200家，平台市场规模超过90亿，用户规模达到了3.25亿，这无疑为网络直播行业的发展奠定了良好的物质技术基础和用户基础。随着移动4G互联网和智能手机的普及，随播随走的网络直播模式被大范围推广开来，网络直播的内容形象、立体、生动，用户理解、进入的门槛低，使网络直播迅速积聚了大批用户。以电商直播平台——淘宝直播为例，用户逛淘宝的目的在于购物，因此人们会带着不同的目的进行搜索，而观看某一项直播是用户自动选择的结果，其选择肯定与其目的性相吻合，保证了直播营销的高度精准性。

4. 共鸣性

从文字、图片、视频最后到网络直播，其表达的感染力不断在增强。网络直播相比其他媒体平台更能激发用户的情绪，使用户沉浸于传播的内容中，这种体验感可加强用户对企业和产品或服务的印象,并在这种情绪的带动下不自觉地产生购买行为。在互联网环境中,碎片化、去中心化使人们的情感交流越来越少,人们渴望沟通却又怯于去表达,而网络直播能够把一批相同志趣的人聚集起来,凭借共同的偏好,使情感达到高度的统一和共鸣。品牌营销活动若在这种氛围下适当地给予引导和激励,必定在很大程度上达成营销目标。

(二) 电商网络直播营销存在的问题

虽然目前直播平台在中国的发展态势良好,但整个行业尚未成熟,仍然存在不少问题。从大环境来看,科技巨头争相注入巨额资金带来了泡沫性繁荣,各平台数据频频造假,且屡禁不止。另外,作为一个新兴行业,在线直播平台的运作在法律方面还不够完善,同时营销模式相对单一和品牌意识等的缺乏也使得网络直播营销存在较大问题。

1. 营销模式单一

网络直播平台竞争性非常大,同样网络直播的竞争也非常大。各主播都在人们上网时间最集中的时间开通直播。直播内容非常丰富,人们的注意力很容易被分散,用户选择不同直播内容的成本非常低,只要轻轻滑动就可以切换。因此只有优质的内容才能吸引用户的关注度,获得持续关注。应围绕产品或服务的特性和优势精心筹划内容,同时保持与企业文化和形象一致,避免哗众取宠、华而不实的价值导向扭曲品牌形象。网络直播营销不同于其他营销,从本质上来说,网络直播营销是一种用户主动选择的的行为,而非强硬掠夺用户的注意力。这种主动亲近、自发互动的方式更需要品牌方投入更多的思考,生产受用户喜欢的传播内容和活动形式。

无论是通过情感的渲染还是借助娱乐手法的传递,都需要高质量的内容作为基础和依托。高质量的内容不仅具有较高的传播价值,还能够引发用户深层次的思考和想象,引发情感共鸣。只有这样,才能让用户自发认可品牌的形象和价值,并愿意作为传播者去帮助品牌进行二次传播。网络直播只是一个传播的手段,传播内容才是根本。现在很多品牌看到网络直播红利,便纷纷涌进,但却缺乏有效的思考和沉淀,单纯地模仿他人,或者搬用简单粗暴的传统"电视购物"形式,这样不仅对品牌传播无益,无法持续吸引用户注意力,还有可能使品牌形象受到损害。

2. 缺乏深度融合

电商网络直播营销具有跨时空性,一场成功的直播营销能轻松获得千万级的关注,销售转化率惊人。例如,网络红人张大奕在淘宝直播上曾破淘宝直播间引导的销量纪录,两个小时成交 2 000 万元人民币。但是在看到电商网络直播成功案例的同时,也要考虑许多不成功的案例。如是在品牌营销过程中,并没有把网络直播形式与品牌巧妙结合。网络直播脱胎于秀场模式,不乏带有秀场模式的基因,如果单纯认为网络直播营销只是主播与用户聊聊天、唱唱歌,或者只是对活动现场的情景实时再现,就可以获得很好的传播效果和转化率,是不太现实的。把网络直播营销做成长篇幅的视频传播,不免有失深度。如很多网络直播营销活动邀请明星大咖参与,但只是直播他们在化妆间、参与活动现场的场面等,这种网络直播缺乏自我品牌的塑造力,没有好的营销策划方案,没有考虑到如何与用户深入沟通,没有实现品牌的差异化展示,即使邀请了最贵的明星也只徒增品牌营销的成本,用户并没有形成对品牌的辨识度,尤其是内容的同质化,导致了企业的品牌个性特色不突出。不妨借鉴一下惠氏启赋奶粉与著名影星吴尊的结合,吴尊通过淘宝直播上演了一堂奶爸教育课。吴尊在《爸爸回来了》节目中塑造的奶爸形象获得一致好评，于是惠氏启赋奶粉将明星奶爸的形象作为品牌宣传点，获得非常好的效果。因此品牌营销只要将明星形象与品牌或商品相匹配，才能获得好的营销效果。

3. 难以持续关注

直播营销相比微博、微信营销，占用用户的时间较长。微博文字、图片内容简短，浏览只需几秒。同样微信占用的时间也相对较短，并且用户可以自主选择跳过一些内容。但是，直播营销所占用的时间较长，稍不留神就会忽略一些信息，最主要的是用户难以预测主要内容及重点内容在什么时间播出，用户需要持久的注意力，但是这一点很难做到。另外用户选择直播间的成本很低，因此网络直播营销的用户忠诚度较低。

同时，大多数用户选择微信、微博、直播的原因都是打发时间，难以预留长时间关注。一旦网络直播的内容不太符合用户的审美，就有可能失去一大批用户。所以，网络直播营销的用户黏性很低。因此网络直播内容一定要高质量，所邀请的明星要足够有影响力，值得用户期待。同时要与用户进行深层的互动，让其全身心融入直播活动中，并自发为其传播这些是网络直播营销的关键因素。因此，网络直播营销的成功与否关键在于用户的黏性大小。只有获得用户的认可才能将营销成功转化，实现品牌营销的目的。

4. 主播素质偏低

根据新浪微博的《2016年直播行业洞察报告》显示，女性主播明显高于男性，"95后""90后"是主力。观看网络直播的用户也是"90后"人群为主，男性高于女性。偏低的年龄群体，对自身的管控和约束力还不够，很容易引发内容的不可控。并且由于目前法律法规和监管的不到位，使得迅速发展的网络直播存在许多问题，如涉黄丑闻、道德丑闻等。并且网络主播普遍学历较低，一部分主播的文化素养与品质令受众难以接受。在直播市场，主播薪水成倍增长，巨额金钱导致许多主播自我膨胀，丑闻事件在所难免。这些现象都为品牌营销带来难以估量的影响，甚至会对网络直播风气造成极其恶劣的影响。因此，各大直播平台需要发掘素质较好又有人气的主播。

第三节　网络直播营销策略

网络直播能够有效帮助商品或者品牌信息广泛传播。相对于传统的营销方式，网络直播是一个成本低廉的营销渠道，它把生产、传播、销售、反馈这几大流程汇于一体。目前，企业看到了网络直播平台的优势，纷纷加入直播营销的队伍。但是，网络直播营销需要创意、方向，盲目跟风难以有好的营销效果。只有优质的内容并且与其他渠道配合联动才能达到良好营销效果。

（一）坚持内容为王

直播平台的竞争取决于内容的竞争。网络直播的发展并不一定依靠网红，"内容为王"方为上策，特别是电商网络直播，需要商品的质量和款式符合大众的期望。因此，"内容为王"成为网络直播发展的前行方向及行业遵循的准则，这是网络直播发展所需，也是公众审美所需。由于优质内容资源不足导致互相抄袭、恶性竞争等直播乱象，网络直播仍需要逐步发展完善。2016年，各大直播平台开始进行多元化优质内容的探索。与此同时，各个平台通过定制PGC（专业产生内容）为观众提供深度直播；鼓励个人和群体UGC（用户原创内容）行为，满足不同的用户需求。另外，作为直播平台应该主动寻找和接触潜在合作方，为内容制造者提供更多可能，使主播和用户的忠诚度得到进一步提升。例如，在YY直播新品牌形象发布会上，YY直播与芒果娱乐、华策、PPTV开启了一系列合作，通过这些合作逐步实现了内容生态的多元化。总之，直播平台得以发展的契机在于让内容接受者同时成为内容制造者，与其他受众分享相关内容，所以立足于内容本身，持续性为观众寻找内容爆点，是平台发展的关键因素。在这一过程中，平台、主播、观众应该有机结合起来，只有这样才能够建立起良好的平台内容生态。

讲故事是品牌直播中非常重要的基础。纽约广告研究机构和美国广告代理协会通过3年的实地调查发现，相比于强调产品属性，会讲故事的品牌广告效果会更好。一个好的故事需要有好的故事主题和故事内容，故事主题就是定位，而好的故事内容则包括真实、情感、共识、承诺四个要素。真实而不做作，故事才能吸引人。真实的故事、真实的场景能引起受众的共识，能让受众感受到故事传达的真切情感，感受到对未来需求承诺的真实。因而，在直播中，内容不仅仅是"秀"，更重要的是"讲"，如何在直播中以故事的形式讲述品牌、凝结品牌与观众之间的关系，变得很重要。

（二）定位准确，选择合适主播

主播能帮助用户更好地理解商品或者品牌。不同类型商品，如化妆品、服饰等都需要用户的直观感受而做出选择，因此确定目标群体、明确品牌定位是进行品牌传播的首要任务。只有明确定位后才能结合品牌调性选择合适的直播平台和主播。

在选择主播时需要考虑明星和草根直播的优缺点。明星具有强大的粉丝效应，市场效应非常明显，在明星直播瞬间，用户拉升作用非常强。但明星难以长期担任主播，属于市场行为而不是内容行为。因此不能仅通过明星来进行直播营销，需要考虑能够长期进行持续营销活动的草根主播。对于直播来说，草根和明星是两种不同的资源。真正最终能撑起直播营销的，是可以每天数小时进行直播的草根素人，而不是偶尔一次的明星。

每个直播平台和网络主播都有自己的特点和调性，这就决定了不同的平台和主播具有自身的粉丝群。品牌所有者在选择平台和主播进行营销时，首先要根据自己产品的定位和目标群体来筛选粉丝群。另外，主播是一种个性化的外现，在直播过程中经常看到观众表示：喜欢主播的饰品风格、喜欢主播的衣服等。可见，主播在粉丝中充当了潮流导引和模仿的对象。因此需要根据商品或品牌的定位选择合适的主播进行营销活动，以达到营销效果最大化。

（三）构建传播品牌社群

主播利用自己独特的内容和魅力吸引粉丝，粉丝组成兴趣群体，主播制定规则形成社群，通过线上直播和线下活动经营社群，培养社群自组织能力。以内容精良的节目吸引观众，构建社群，维护好主播与观众的关系，培养稳定的粉丝群体，充分利用粉丝群体的自组织力量来管理直播信息的传播，对于品牌构建与品牌传播有积极影响。同时还可以收集粉丝社群的反馈信息，利用大数据技术进行分析，根据分析结果对品牌进行个性化设计、改进。现阶段，用户对个性化产品和服务的需求越来越高，不再满足于被动地接受企业的操纵，而是主动地参与产品的设计与制造。此举不仅能提升用户的满意度，还可以应对市场变化，并进行较为准确的市场预测。

（四）坚持整合营销

品牌传播活动并非一种单一的、孤立的活动形式，需要将各种营销活动整合起来。品牌传播是整体的系列活动，需要一定的连续性和持续性。商品或品牌营销活动需要将多种传播手段和传播形式加以整合利用，为商品或品牌传达出共同的产品和服务的信息以及品牌形象和企业文化。这是增强与用户的良性互动，提升用户品牌认知的有效手段，同时也是建立和维护用户与品牌之间密切关系、增强用户黏性的秘密武器，有助于品牌营销目标的实现。随着网络传播技术手段的发展和网络媒体的普及，整合营销理论在新媒体环境中表现出新的发展状态。网络直播打破了时空界限，使其传播的内容能迅速扩散，使与用户互动的方式有了新的进展，加深了品牌与用户的互动。因此网络整合营销理论需要通过线上多种形式的整合和线上线下的整合。

1. 线上多种营销方式整合

从实质上来说，整合营销传播就是将病毒营销、事件营销、互动营销、口碑营销、社群营销等多种营销手段和渠道都结合在品牌营销传播和市场推广中。在多年的网络营销发展过程中，品牌传播从产品至上、形象至上、定位至上，到现在的用户至上，逐步成熟，走出了定位、创意、精准的路线，实现了将各种营销手段相结合的局面，促成了网络营销的盛况，推动了网络整合营销传播的成熟期到来。微博作为网络营销的重要阵地，在品牌营销过程中发挥着重要的作用。微博上讨论的体育、娱乐、新闻热点和社会焦点等话题在直播平台中也都有很高的热度。两者相搭配，能够产生巨大的粉丝量。微博以其独特的开放性特点，成为网络直播的重要引流入口，是网络直播平台及其内容的重要传播渠道。不仅是微博，微信、贴吧等也都是网络直播营销的重要引流入口，都可以在品牌营销过程中进行有效的、有选择性的结合，延长传播时间，延展传播范围，实现传播效果的最大化。

网络直播打破了时空界限，使其传播内容迅速扩散，使与用户互动的方式有了新的进展，加深了品牌与用户的互动。它通过网络的广泛性、及时性、精准性向用户提供产品和服务的信息，加深用户对品牌、产品和服务的认同，增强用户的黏性。

2. 线上与线下营销整合

网络直播仅是品牌营销传播的手段和渠道，仅仅是一个信息传播的工具。它不是线上营销活动的单独作战，还需要线下活动的补充。因此，品牌营销的成功不仅要依托互联网的力量，还要整合好线上和线下营销活动。网络直播的品牌营销传播要想获得品效合一的最大化，就需要与线下营销活动、销售策略等整合起来，为线上的营销活动提供支持和保障。例如，2016年5月，蘑菇街在上海的来福士广场、徐家汇六百等众多核心商圈的公交站亭电子屏做了多场高颜值美女网红直播活动，吸引不少粉丝驻足，实现了直播首次与户外广告结合。蘑菇街在吸引大量关注度的同时，增加了商品销售量、用户的价值认同感和品牌忠诚度。

参 考 文 献

[1] 陈永东. 企业微博营销：策略、方法与实践 [M]. 北京：机械工业出版社，2012.

[2] 匡文波. 新媒体概论 [M]. 北京：中国人民大学出版，2012.

[3] 卢爽. 关系营销 [M]. 北京：中国纺织出版社，2013.

[4] 史达. 网络营销理论与实务 [M]. 北京：北京科学出版社，2003.

[5] 黄河. 手机媒体商业模式研究 [M]. 北京：中国传媒大学出版社，2011.

[6] 冯和平，文丹枫. 移动营销：企业营销的终极武器 [M]. 广州：广东经济出版社，2007.

[7] 丁家永. 社会化媒体营销中的"粉丝"心理与营销策略 [J]. 心理技术与应用，2015（10）.

[8] 吴梅，刘茜. 信息时代新媒体营销发展策略分析 [J]. 科技视界，2014（21）.

[9] 邢磊. 新媒体营销对国民经济的影响 [J]. 中国商论，2016（22）.

[10] 隆和平. 浅议我国企业新媒体营销存在的问题及对策 [J]. 科技创业家，2013（22）.

[11] 王可嘉. 信息时代新媒体营销策略探讨 [J]. 传播与版权，2013（3）.

[12] 陈若薇，张郁松. 新媒体营销环境下的媒介融合 [J]. 现代商业，2013（18）.

[13] 文波. 互联网思维下的新媒体营销方式分析与研究 [J]. 现代经济信息，2018（2）.

[14] 吕珂. 新媒体环境下市场营销的有效策略探析 [J]. 中国传媒科技，2017（12）.

[15] 艾泓睿. 新媒体环境下企业家前台化行为类型及影响因素——以微博为例 [J]. 现代商贸工业. 2016（32）.

[16] 吕奋进. 从被广告到广告：新媒体环境下企业营销的机遇与挑战 [J]. 中国传媒科技，2017（4）.

[17] 程小飞. 新媒体环境下企业微营销创新分析 [J]. 现代经济信息，2017（20）.

[18] 代治国，于瑞雪，陈金琦，孙月. 新媒体环境下营销策略的研究 [J]. 中国商贸，2014（14）.

[19] 李慧珍. 新媒体环境下企业公共关系策略研究 [J]. 现代商贸工业，2013（6）.

[20] 李志勤. 新媒体环境下营销组织发展趋势探析 [J]. 现代商贸工业，2013（22）.

[21] 王天琪. 社会化媒体营销：概念与实施 [J]. 中国国际财经（中英文），2018（7）.

[22] 李静华，梁晶，韩玉，等. 关于三网融合下的"全媒体营销"建构探索 [J]. 农村经济与科技，2017（2）.

[23] 刘逸哲，徐臻. 国产电影社会化媒体营销浅析 [J]. 市场研究，2017（7）.

[24] 王丽莎. 关于新媒体营销和传统营销融合策略探讨 [J]. 传播力研究，2017（2）.

[25] 王府. 网红经济视角下自媒体营销模式研究——以罗辑思维为例 [J]. 对外经贸, 2017 (7).

[26] 乐小婷, 刘煜. 自媒体营销发展状况及对策研究 [J]. 农村经济与科技, 2017 (17).

[27] 周晓宇. 浅谈融合媒介情况下的电视媒体营销 [J]. 现代营销（下旬刊）, 2017 (8).

[28] 商仲祥. 信息时代下社会化媒体营销探讨 [J]. 时代金融, 2017 (27).

[29] 吕志宁. 企业转型背景下新媒体营销应用研究 [J]. 商业经济, 2015 (12).

[30] 秦娜. 新时代下广播的全媒体营销 [J]. 新闻传播, 2018 (1).

[31] 范唯嘉, 汪婷婷, 赵昆. 自媒体营销模式在微信平台中的应用 [J]. 建材与装饰, 2016 (38).

[32] 吴启祥. 三网融合下的"全媒体营销"建构 [J]. 全国流通经济, 2017 (3).